中原英才计划资助项目

RESEARCH ON THE
CONVERGENCE APPROACHES OF
PUBLISHING INDUSTRY

出版融合进路研究

张彩红 著

河南大学出版社
HENAN UNIVERSITY PRESS
·郑州·

图书在版编目(CIP)数据

出版融合进路研究 / 张彩红著. -- 郑州：河南大学出版社，2022.4
　ISBN　978-7-5649-5099-6

Ⅰ. ①出… Ⅱ. ①张… Ⅲ. ①出版业-产业融合-产业发展-研究-中国 Ⅳ. ①G239.2

中国版本图书馆 CIP 数据核字(2022)第 089679 号

责任编辑	薛建立
责任校对	柴桂玲
版式设计	马　龙
封面设计	力源文化

出版发行	河南大学出版社
	地址：郑州市郑东新区商务外环中华大厦 2401 号
	邮编：450046
	电话：0371-86059750（高等教育与职业教育分公司）
	0371-86059701（营销部）
	网址：hupress.henu.edu.cn
排　版	河南大学出版社设计排版部
印　刷	郑州印之星印务有限公司
版　次	2022 年 7 月第 1 版
印　次	2022 年 7 月第 1 次印刷
开　本	890 mm×1240 mm　1/32
印　张	7.625
字　数	165 千字
定　价	52.00 元

（本书如有印装质量问题，请与河南大学出版社营销部联系调换）

序

当一个概念成为热词,作为热词下的从业者,我们更应当理性地冷思考一下。出版融合和融合出版、媒体融合和融合发展,近年来,作为出版业的一种出版现实和发展趋势一直热度不减,作为一个出版人和业界观察者,我也曾经想过为这几个词添一把火。但当我拿到《出版融合进路研究》一书的清样时,尤其是断断续续阅读完整部书稿后,我突然感到了一种欣喜的放松。这部教科书式的研究著作已经厘清了出版融合的多个方面,对我来说,任何的置喙也许都是多余,在解除包袱的同时,剩下的就是对作者的敬意了。

融合出版的概念是建立在数字出版的基础之上的。数字出版经过20多年的研究和讨论已经取得了诸多共识和成果,数字出版的教科书已经出版过多部,而论文则多达万余篇。相对于数字出版,关于出版融合的论文尽管也多以千计,但专著出版则为数寥寥,张彩红所撰写的这部著作则可以视为创新之作。如果更进一步认识的话,我还将其视为教科书式的研究著作,之所以如此界定,是由于它本身所具有的内容品质和思想内涵：概念阐释的基础性、知识结构的系统性、思想认识的启蒙性、成果传达的实用性和研究探索的理论性。

任何一个学科都必须建立在概念范畴之上。而学科创新或学科研究范式的创新，提出新概念并取得学科共同体的共识是一条学科发展规律。出版学作为一门应用社会科学，它的学科体系同样也是由一系列的概念组成。数字出版作为出版学的一个新概念已经获得学界的共识，甚至并已自立门户。遗憾的是，建立于纸质出版的出版学与脱胎于计算机技术的数字出版学直到现在还没有打通，迄今还没有出版过任何一部将两者贯通的综合性教科书。可以说，融合出版和出版融合的概念提出应当是试图贯通纸质出版与数字出版的一个有益并十分有效的尝试。《出版融合进路研究》正是在这样的学科发展背景下诞生的。作者在书中通过对数字出版内涵、融合发展内涵的回顾性分析，进而对媒体融合、媒介融合、融合出版进行了深入分析，最后概括性地提出了自己的出版融合概念，作者将其定义为："出版融合是以优质内容生产为核心，以信息技术革命成果为支撑，创新内容表现与制作形式，提升精准传播效果的新型传播活动。"这一概念的厘清是本书的立论基础，也是融合出版的理解基础，同样也是出版融合的研究基础。循此，我们可以进一步理解，融合出版和出版融合互为表里，融合出版是一种新型出版形式，而出版融合则是一种新型出版活动，作者将研究视角指向了出版融合，这一落脚点赋予了本书更多丰富多彩的实用性。

序

　　本书名为研究，但它却有一个教科书式的知识框架。我所理解的教科书一般都会从学科的研究对象、内容范畴、研究方法、目的意义、相关学科和历史发展开始，然后进入学科内容主题。本书的框架结构也大体如此，作者首先叙述了本书的研究对象，对数字出版和出版融合的概念内涵进行了较为详尽的分析；其次对影响出版融合的诸相关因素进行了研究，并指出融合出版自身产生的重要意义；再次是对出版融合发展的历史进行了回顾，归纳了出版融合发展的基本趋势，也总结了当下制约出版融合发展的瓶颈所在。其后，作者用了六成的篇幅对出版融合的路径和案例进行了深度挖掘和研究。总体而言，作者呈现了出版融合这个研究专题的系统性和完整性，它的内在逻辑是我将其视为教科书的重要因素。

　　相对于学术研究，对我触动最大的是本书的思想认识启蒙性。多年来，作为一个业界的观察者、思考者和从业者，我一直在思考技术、内容和知识制高点的关系问题，并力图站在国内、国外两个维度上寻找必然充满缺憾的答案。计算机技术、互联网技术、数字通信技术、数据库技术、数字出版技术等均发源于西方，但技术应用尤其是网络平台应用，我国处于全球领先的位置。然而，在出版领域，尤其是在知识生产、知识呈现、知识整合、知识控制、知识存储、知识传播和获取知识价值等方面，我们却与西方发达国家还有不小差距。这一令人堪忧的现实让我更加认识到，作为一个国家和文化主体，占领全球知识制高点的无比重要性。技术服务于内容，内容依赖技术呈现和传播，出版与通信网络渠道的融合刷新了出版业的面貌，重塑了出版业的格局，打通语种、国界和族群的全球互联网平台，成为控制全球知识生产和流动的新业主，其实现的路径最重要的是数字技术专利创新和获取知识模式创新，控制底层技术的原创和内容原创的结合是融合出版的真正要义。譬如，如果我们国家能够创办根据每个一级学科、二级学科、专业和细分到专题的面向全球各语种的数字网络期刊，如果能够创办上万种覆盖各细微专业的学术数字期刊，我们国家则可以构建一个包含各知识门类的学术专业大数据库和知识传播平台，基于数字出版的融合出版让我们看到了占领全球知识制高点的希望。因此，我认为，我们需要数字技术和出版融合的新启蒙。而本书对全球出版50强，尤其是对培生集团的聚焦和研究，无疑具有技术、内容和出版新模式的启蒙意义。

与其他的数字出版著作不同，作者的身份是出版人，是出版集团新媒体和数字出版的管理人，由此，她的研究和书写不可避免带有业界的印痕，她对出版融合发展典型案例的选择和对实现出版融合路径的格外关注即是明证。作为业界中人，作者研究的第一视角是国家出台的一系列相关数字出版和融合出版的政策文件，作者对《关于加快我国数字出版产业发展的若干意见》（2010）、《关于推动新闻出版业数字化转型升级的指导意见》（2014）、《关于推动传统媒体和新兴媒体融合发展的指导意见》（2014）、《关于申报出版融合发展重点实验室有关工作的通知》（2016）、《关于加快推进媒体深度融合发展的意见》（2020）、《关于推动出版深度融合发展的实施意见》(2022) 等文件进行了深度阐释和解读。对出版政策的研究为我们业界的读者揭示了行业、产业和事业的价值取向方向，它既是数字时代出版业发展的时代背景，也是出版业转向新型发展的基点。作者对典型案例的选择也可以看出她对出版业的熟悉程度，以独体出版社和出版集团来观察出版融合发展的实效，并挑选全球出版排名前列的培生集团作为研究参照，更可意识到作者非常注重研究成果的实用性，将研究落脚于解决出版活动中实际问题，我想应是作者研究这一课题的初衷。

毫无疑问，出版融合还处于探索阶段。目前，出版融合的主线还主要是纸质产品与数字产品的融合以及二者可以量化的所占营业收入比例。我们以出版50强为例，数字化变革的程度以科学、技术、医学和专业出版为最高，其次是教育出版，最后是大众出版。在"全球50强"的前10名中，专注于科学、技术和专业出版的5家集团公司——励德·爱思唯尔、汤森路透、威科、施普林格和威利在2019年的年报中显示其数字化收入占其营业额均超过55%，励德·爱思唯尔的收入来源几乎全部是数字产品，汤森路透来自数字、软件和服务的收入占比88%，威科的数字与服务收入占比89%。全球最大的教育出版集团培生集团数字与平台服务收入占比为66%，而三个顶尖大众出版集团——贝塔斯曼的企鹅兰登、阿歇特和哈珀·柯林斯数字化收入所占比例平均为24%。中国出版传媒集团中可与欧美出版集团抗衡的是属于大众出版领域的中国出版集团，其数字化产品的销售收入占比超过了30%。在融合出版的路上，我国出版业还任重道远，也正是因为如此，更可见本课题的必要性和现实性。作者以全书四分之一的篇幅重点研究了实现出版融合的八条路径，作者笔下的路径实际上是结论性的理论成果，它们所呈现的前沿性、概括性和理论性是全书的精彩所在，是行之有效的方法，也是可以实践的出版指南。

不得不说，我的书评式的读后感只是一个导读，我只是在提醒读者，还是开卷有益。无论是业界还是学界，这是一本值得重视的关于出版融合方面的专业著作。

耿相新

2022 年 6 月 3 日

目　　录

第一章　出版融合重要关联因素研究分析 ························· 1

　第一节　出版融合发展的重要意义 ···························· 2
　第二节　数字出版与融合发展内涵研究简要分析 ············ 8
　第三节　出版融合重要关联因素研究简要分析 ············· 37

第二章　出版融合发展的基本态势 ······························ 59

　第一节　当前出版融合发展的阶段性特点 ··················· 60
　第二节　制约出版融合发展的瓶颈 ··························· 75

第三章　出版融合发展典型案例分析 ··························· 87

　第一节　独体社的出版融合探索 ······························ 88
　第二节　出版集团的出版融合探索 ·························· 113
　第三节　典型个案融合发展启示 ····························· 144

第四章　出版深度融合的进路 …………………… 155

第一节　加快主体性深度融合理念建构 …………… 158
第二节　生产重塑优质高端数字内容 ……………… 164
第三节　加速技术革新应用 ………………………… 170
第四节　做强做优平台出版 ………………………… 178
第五节　优化数据要素资源价值 …………………… 189
第六节　大力推动融合传播 ………………………… 195
第七节　提升经营管理效率 ………………………… 203
第八节　加强全媒体人才培养 ……………………… 212

参考文献 ……………………………………………… 222

第一章　出版融合重要关联因素研究分析

出版融合发展，这是一个有着多重内涵的词组，也是出版业密切关注的一个关键词语。在新时代推进出版业高质量发展的征程中，进入"十四五"时期，出版融合尤其是出版深度融合对于进一步推动出版业改革发展具有更加重要的意义。推动出版融合发展，其关联的有关基础传统生产要素、新兴生产要素、关键连接因素复杂多样，既涉及劳动力、资本等出版的基础传统生产要素，延及知识、技术、管理、数据等新兴生产要素，还扩展到产业政策、渠道通路、市场竞争、用户关系等多个重要关联因素。各个生产要素及关联因素之间相互作用，力求建立均衡又不断打破，单独发力又形成合力，彼此竞争又互为依赖，致变因素与驱动力量"纠缠"不已，共同成为促进与制约出版融合发展的多方力量。

因而，谈及出版融合，业内人士讨论较多，大家的关注点、出发点不同，分析点、落脚点自然有所差异。从概念的思考到阶段的划分，从狭义的聚焦到广义的延伸，从具体的个案探究到力求触及的基本规律，业界与学界对出版融合发展的认识进一步深化，实践探索与理论研讨的热度、态势都在持续深入。

出版，真正迈进了深度融合发展的时代。

出版融合发展是一次传承，从传统出版的原点出发，继承与创新并举，束缚与突破并存，异见与共识并列，相融相合，并行不悖。这是一次征程，必须迈步，无可回头，尽管前途漫漫，却不能停下跋涉的脚步；这是一次升华，浸润着焦灼与不安，伴随着蜕变与涅槃，又孕育着新生的希望和未来。

出版，正走在深度融合发展的路上。

第一节　出版融合发展的重要意义

推进出版融合发展是出版业当下的重要任务，也是出版创新产业形态的必然要求与取得高水平发展的现实路径。

党的十九大将习近平总书记新时代中国特色社会主义思想确立为党的指导思想，坚定文化自信，推动社会主义文化繁荣兴盛进入新时代。《中华人民共和国国民经济和社会发展第十四个五年规划和2035年远景目标纲要》（本章以下简称《纲要》）提出，"坚持把社会效益放在首位、社会效益和经济效益相统一，健全现代文化产业体系和市场体系"；强调要"扩大优质文化产品供给"，"实施文化产业数字化战略，加快发展新型文化企业、文化业态、文化消费模式，壮大数字创意、网络视听、数字出版、数字娱乐、线上演播等产业。……实施文化品牌战略，打造一批有影响力、代表性的文化品牌"。①《纲要》所重点提出的七个社会主义文化繁荣发展工程中，中国特色社会主义理论出版传播、文艺精品创作、全媒体传播和数字文化、中华典籍整理出版等重大工程，都和出版融合发展紧密相关。

出版是党的宣传思想文化工作的重要组成部分，是文化繁荣兴盛和文化强国建设的重要力量。探索"数与网"时代出版融合发展模式，明晰知识生产呈现传播路径，通过创新内容生产、产品形态、传播路径、分发方式，思考出版产业的数字化转型升级，提升出版的传播力、引导力、影响力和竞争力，对于出版担当传播真理、传承文明、教育人民、服务社会的重要责任，发挥出版巩固壮大主流思想舆论、推动经济社会发展进步、弘扬优秀传统文化、丰富群众精神文化生活等方面的重要作用，无疑具有重要的理论意义和现实意义。

一、信息网络技术发展重塑出版发展格局

从出版史的角度看，物质文化层面每一次技术突破与革

---

① 中华人民共和国国民经济和社会发展第十四个五年规划和2035年远景目标纲要［N］．光明日报，2021－03－13．

新,都对出版业发展带来巨大变化。虽然我国很早就以"梓行""版印"指代出版活动,但反映印刷为多,偶兼顾发行。在我国,笔墨纸砚与出版相存相依。笔、墨、砚是书写工具,纸作为书写材料,尤其为传播中华优秀文化起到了巨大的作用。经龟甲兽骨、竹木简牍至结构紧密、纸面平整的精工纸张,书写材料改进后日臻精致。由唐宋时期的雕版印刷、活字印刷到清代铅字排版技术,再到当代计算机汉字激光照排技术,中国出版技术的革新不辍不息,中华优秀传统文化基因延续、精神长存。

而对于西方而言,唐代造纸术发明的纸张坚硬光滑、书写流利,抗蛀防水性能极度优越,一经传入西方即迅速替代了其使用的羊皮纸、莎草纸、泥板、贝叶等书写材料。具体来看,造纸术经由阿拉伯国家,"约在1150年传入西班牙,1180年传入法国,1271年传入意大利,1312年传入德国……中国发明的纸为全世界的文化传播和教育普及提供了重要的物质保证"①。15世纪德国人古腾堡的活字印刷术(比毕昇的活字胶泥刻制技术晚400年)促进了西方科学和社会的巨大进步和快速发展。正如美国社会学家尼尔·波斯曼所说:"技术改变不是加法,也不是减法,而是生态法。公元一千五百年,在印刷机发明五十年之后,我们拥有的不是一个多了印刷机的老欧

---

① 孙机. 中国古代物质文化 [M]. 北京:中华书局,2014:320-321.

洲，而是一个不同的欧洲。"①

简略梳理中外传统出版技术变革历程可以看出，无论是书写材料，还是印刷技术，两者作为影响出版进步发展的关键因素，其技术创新与发展都为出版迭代奠定了基础性物质力量，出版借由技术更好实现了文化的传播、积累、继承与交流。技术为出版变革提供坚强物质支撑，是出版业发展的必要要件之一；出版吸纳最新技术要素，为文化积累继承、交流创新注入发展动力。出版与技术结合，相辅相成、互相促进，人类文明得以赓续繁衍、满树繁花。

进入新时代，移动互联网技术、新兴信息技术与数字技术更是对出版业产生了革命性影响，出版已进入历史巨变期。大数据、区块链、人工智能、物联网、"3R" 技术 [VR（虚拟现实）、AR（增强现实）和 MR（混合现实）] 等对出版业带来的变革冲击疾如暴风骤雨，不容小觑。"互联网，以及相伴而来的移动互联网，都不是只让原来的社会增加某种功能的简单技术，而是'元技术'，让整个社会生活，包括整个技术体系，都围绕它重新建构。"② 由此，以数字技术为物质核心的"信息网络"，正在重塑以出版内容为精神内核的传统出版格局。面对数字时代的巨大挑战和现实机遇，更好更快建立并促进出版与技术的互联互通、双向链接的深度融合发展通路，已

---

① 田松. 互联网的 STSE [J]. 读书，2021（8）：3.
② 田松. 互联网的 STSE [J]. 读书，2021（8）：3.

成为当下出版业亟待解决的问题。

二、融合发展的必要性、紧迫性进一步加强

业界对出版融合的必然性已经形成共识，但由于融合发展的投入周期长、收益相对慢，技术壁垒对应用创新的阻碍尚未完全消除，优质内容资源的集聚度还不够高，使得融合产品销售价值实现率还较低，融合业务收入在企业整体营业收入中所占比重较小，一些出版单位推动融合发展的动力不足。然而，信息技术的冲击力如此之强，已波及传统出版的各个环节。出版业必须紧跟时代潮流、锚定发展方向、越过壁垒沟壑，构建产业发展新生态，推动出版高质量发展。

（一）推进出版融合是出版业当下的紧迫任务

出版是编辑、复制作品并向公众发行的活动。传统的出版形式相对固化、流程相对单一，为读者提供纸面知识内容的阅读体验，是历史最悠久、最为读者认可的出版形式。在互联网背景下，出版提供内容的属性没有变，但内容传播介质、读者阅读习惯、知识生成形式等已经发生巨大变化。通过数字技术生产数字产品、数字内容，实现优质内容资源的最大化传播，推进出版深度融合发展，是出版业必须承担的责任。从行业整体看，以中国出版集团、中国科技出版传媒股份有限公司、中国工信出版传媒集团为代表的为数不少的传统出版企业在持续

探索融合发展、加速知识服务转型方面，做出了富有成效的探索。虽然来自数字出版的收入占比相比欧美领先出版集团还相对偏低，但已获得市场及用户的积极良好评价。

(二) 加速出版融合是创新产业形态和要素组织的必然要求

科技革命与产业变革的撕扯纠缠、共依共存由来已久。ICT（Informotion and Communications Technology）技术进入较为成熟的应用阶段，科技创新效应凸显。大数据、深度学习、可穿戴设备、"3R"技术、基因测序、云服务等一批高端科技成果已从实验室阶段进入产业化阶段。人工智能、云计算、3D打印等某些颠覆性技术对出版业带来强烈冲击波，刺激出版业神经同时也唤醒其"梦魇"，逼迫出版业拥抱新技术，找寻出版与技术融合路径，以技术变革促进产业升级，以技术黏性促进产业转型，以技术要素提升出版要素集约化水平，再造生产流程，再塑产业链条，更新产业形态，实现出版产业可持续、繁荣发展。

(三) 推动出版融合是出版业提质增效实现高水平发展的现实路径

当前，一方面，出版业亟须解决数量品种多和精品力作不足的突出问题，依靠品种增长的粗放式生产虽然在短时期内会带来规模扩张与利润增长，可结果并不能使优质内容匮乏、有高原无高峰的现象得到根本改观；另一方面，出版融合发展存在优质产品供应不足、技术应用创新水平不高、检验融合质效标准的产品运营能力不强、探索融合出版领头企业数量不多等问题。

  作为重塑出版格局基础性力量的融合发展，必须不断积极探索融合发展多元维度与路径，以整体推进带动重点突破，创新创意开发不同形态的数字产品，探索不同梯度、不同阶段的融合路径，利用数字技术走出一条特色鲜明、内容优质、传播最广、盈利性强的高品质"融出版"之路，推动出版融合向纵深迈进。特别是通过应用信息技术，创新内容资源立体化、多媒体、矩阵式开发形式，打造数字精品，聚焦精品生产，提升精品价值实现率，提高数字出版新业务收入占比，不仅对于带动行业水平跃升发展、提高出版整体水平和筑牢产业基础具有重要作用，而且对进一步促进出版事业取得新的更大发展、强化出版的文化内核本质和文化功能担当具有重要意义。

第二节　数字出版与融合发展内涵研究简要分析

  作为满足人民精神文化生活需要的出版物的生产，需要借助一定的物质载体，进行知识、信息、思想、智慧的传播。虽然出版与人类社会发展必须要进行的物质资料的生产有不同之处，但是生产过程中仍然必须具备人的劳动、劳动对象和劳动资料等基本的生产要素。具体来说，就是编辑的劳动、著作者的智力成果、把编辑劳动与著作者智力成果联系起来的媒介物，包括编辑、复制、印刷过程中使用的工具等。人的劳动、劳动对象和劳动资料是进行物质资料生产最基本最普遍的要素，无论是处在怎样的时代，不管进行怎样的劳动过程，上述三个必备要素缺一不可。随着生产力的不断进步和生产方式的逐步变革，劳动的过程、对象以及劳动资料的形态也在发生新的变化。于是，一些新的促进生产力发展的重要力量和推动生产方式发生变革的重要因素逐渐变成新的生产要素构成，譬如资本、科技、信息、管理、数据等作为生产要素的重要性，在现代化的大生产中日益突出。

出版业作为传媒业的一个分支，基本生产要素的构成与其他产业并没有明显区别。但是，出版属于文化产业的有机组成部分，有着自身鲜明的文化属性，其在劳动过程中对已有的精神内容或智力成果进行内容优化和增值的精神生产劳动的特点，其所生产的产品呈现出来的精神文化产品的特征，还是将出版业的生产要素、劳动过程（表现在出版业为出版过程）与其他产业做了区分。"法国经济学家萨伊将土地、劳动与资本视为生产三要素，企业家才能附属于劳动要素。"[1] "19世纪后期英国经济学家马歇尔把企业家才能从劳动要素中分离出

---

[1] 喻国明，丁汉青，支庭荣，陈端，曲慧. 传媒经济学教程：第2版[M]. 北京：中国人民大学出版社，2019：53.

来，作为与劳动、土地、资本并列的第四种生产要素。"① 这是因为企业家（包括专门的职业经理人）管理企业与经营企业的才能在产业活动中发挥着越来越重要的作用，有时甚至成为企业生死存亡的关键因素。而出版融合发展作为出版业进行知识生产加工的一种新方式，在精神产品的生产过程中又会受到政策、市场、用户等关联要素或因素的影响，呈现出多要素影响、多因素制约或促进的状态。这些来自不同方向的力量所凝聚的张力、所形成的场域、所产生的影响共同作用于出版融合发展的进路。因而，在对出版融合的关联因素进行研究分析时，就呈现出了多元多维的角度和视野。

一、关于出版融合发展内涵的研究

（一）数字出版内涵研究

在研究出版融合发展的内涵时，有必要先对出版、数字出版、融合发展的基本内涵进行简要分析。

1971年的《世界版权公约》这样界定出版："本条约所用'出版'一词，系指作品以有形形式复制，并把复制件向公众

---

① 喻国明，丁汉青，支庭荣，陈端，曲慧. 传媒经济学教程：第2版[M]. 北京：中国人民大学出版社，2019：53.

发行，使作品能阅读或观赏。"① 这是众多签约国包括我国在内对出版给予认可接受的定义。从这一出版定义的界定看，更多指的是传统出版。随着计算机技术、信息通信技术等的飞速发展，出版的内涵发生变化，产业不断延伸，边界渐趋拓展，传统出版开始与数字化结盟。

20世纪80年代，国外出版界开始关注到数字技术与数字革命对出版业的影响，出版业的数字化与数字化出版成为业界感兴趣的话题。到了90年代，业内外一些人士认为，数字化将会对出版业产生巨大影响。进入21世纪前后，因为数字出版发展初期的重要表现形态——电子书的爆炸性增长并未出现，加上这一时期数字出版探索过程中高成本与低收益的矛盾，数字化发展在出版业的应用推进相对较为谨慎。之后，随着信息技术的快速发展，出版与数字技术的联姻越来越紧密，数字出版踏上了较为快速的发展车道。

从国内来看，2005年7月8－10日，首届中国数字出版博览会在北京举行，我国数字出版探索的步伐由此明显加快。2021年10月26－28日，以"落实数字化战略开启'十四五'新篇"为主题的第十一届数字出版博览会在北京国家会议中心成功举办。16年的发展历程，11届的博览会，中国的数字出版收入规模不断增长，移动出版等新兴板块发展势头良好，产

---

① 全国出版专业职业资格考试办公室. 出版专业理论与实务［M］. 上海：上海辞书出版社，2002：2.

业步入高质量发展阶段，以数字出版为代表的新兴文化业态蕴藏着丰厚的发展潜力。2020年，面对突发的新冠肺炎疫情，我国数字出版"全年产业整体收入规模超过万亿元，达到11781.67亿元，比上年增加19.23%"①。这里统计的数字出版收入包括互联网期刊、电子书、数字报纸、博客类应用、在线音乐、移动出版（不包括移动动漫和移动音乐）、网络游戏（主要指客户端游戏和网页游戏等）、网络动漫、在线教育等较为广义上的数字出版整体收入。

正是基于数字出版的持续推进，业界对数字出版内涵的研究也不断深化。早在2002年，谢新洲就指出："所谓数字出版，是指在整个出版过程中，从编辑、制作到发行，所有信息都以统一的二进制代码的数字化形式存储于光、磁介质中，信息的处理与传递必须借助计算机或类似设备来进行的一种出版形式。"②国家新闻出版总署2010年8月发布的《关于加快我国数字出版产业发展的若干意见》中指出：数字出版是"指利用数字技术进行内容编辑加工，并通过网络传播数字内容产品的一种新型出版方式，其主要特征为内容生产数字化、管理过程数字化、产品形态数字化和传播渠道网络化"③。侯欣洁认

---

① 张立，王飚，李广宇. 2020－2021中国数字出版产业年度报告［M］. 北京：中国书籍出版社，2021：18.

② 谢新洲. 数字出版技术［M］. 北京：北京大学出版社，2002：12－13.

③ 国家新闻出版署出版专业资格考试办公室. 数字出版基础：2020年版［M］. 北京：电子工业出版社，中国书籍出版社，2020：7.

为："数字出版是指用数字化手段重塑传统出版形态并萌生新形态，导致产品结构和经济结构的转化，运用计算机存储、运算、网络传输和智能输出呈现等技术手段重组数据、信息、知识和叙事内核的生产方式、发布形式和盈利方式的活动范畴。"① 黎娟认为："数字出版应是内容出版与数字技术的深度融合，用数字技术去深度表现传统出版的内容，依靠数字技术实现传统出版业流程再造，从而形成一种以内容管理为核心的、全新的出版形态。"② 匡文波认为，数字出版"是指以数字形式存贮和传播信息，读者必须通过各种形态的计算机（如平板电脑）或具有计算机特征的智能终端（如智能手机、电子书阅读器）阅读使用的出版行为和形式"③。以上对数字出版内涵的界定，在规定数字出版活动为一种出版方式、出版行为领域、出版形态、出版活动等基本含义基础上，又具有各自的特色：谢新洲明确了信息内容存储的二进制代码数字化形式与传播载体；侯欣洁较为强调数字化手段；黎娟更加侧重内容与技术的深度融合，对数字技术在内容生产中的作用给予了强调；匡文波在强调数字形式的基础上，注重揭示出版内容的物质载体与读者的阅读行为。可以看出，对数字出版内涵的认识还处于不断的演进与变化当中。张新新在《数字出版概念述评

---

① 侯欣洁. 数字出版概念界定的再认识 [J]. 现代出版，2014 (5)：46.
② 黎娟. 数字出版概念研究 [J]. 新闻传播，2011 (8)：117.
③ 匡文波. 数字出版教程 [M]. 北京：中国人民大学出版社，2016：5.

与新解——数字出版概念20年综述与思考》一文中对数字出版的概念的演进脉络做了全面的梳理。首先，张新新对数字出版的概念分为两大类别，一类是规定性内涵，一类是认识性内涵。"规定性内涵，是人们根据实践需要，通过人为规定方式加以确定的内涵。"① 对原国家新闻出版总署所确立的规定性内涵，张新新称其为"法定内涵"。这里主要指《关于加快我国数字出版产业发展的若干意见》中对数字出版的界定，指出其是一种"新型出版方式"，概括了"内容生产数字化、管理过程数字化、产品形态数字化和传播渠道网络化的主要特征"，这一界定被学者、业界和出版单位广为接受。"认识性内涵，其构成性质是通过对象间性质的比较而确立的，它是人们关于概念所指称的那类对象认识的成果。"② 对于这类概念，张新新称为"意定内涵"。认识性内涵多为学术观点，前述谢新洲、匡文波等对数字出版概念的阐释皆可归为此类。在对"认识性内涵"进行论述时，张新新将此类概念分为二进制说、全媒体说、数字技术说三大类别。在对数字出版概念价值进行提炼的基础上，张新新用定义的方法对数字出版的内涵进行了说明："数字出版，是指以数字技术将作品编辑加工后，经过复制进

---

① 张新新. 数字出版概念述评与新解——数字出版概念20年综述与思考[J]. 科技与出版，2020（7）：44.

② 张新新. 数字出版概念述评与新解——数字出版概念20年综述与思考[J]. 科技与出版，2020（7）：44.

行传播的新型出版。"① 紧接着，他又从"数字出版是对出版概念的继承""数字出版是对出版概念的扬弃""数字出是一种新型出版""数字出版的特有属性是数字技术赋能"四个方面进行分析，形成了自己对数字出版概念的内涵界定。张新新文中还对数字出版概念外延的特征作出了相关分析。

还有一些学者从狭义和广义角度对数字出版进行阐释。2006年，张立就认为："广义上说，只要是用二进制这种技术手段对出版的任何环节进行的操作，都是数字出版的一部分。它包括原创作品的数字化、编辑加工的数字化、印刷复制的数字化、发行销售的数字化和阅读消费的数字化。数字出版在这里强调的不只是介质，还包括出版流程。"② 罗秉雪分别从狭义和广义角度进行了界定："狭义来看，数字出版的概念仍应建构在传统意义上的出版内容范畴之内，是以数字技术对传统文本内容进行转化和呈现，将数字技术与内容融合，以内容为核心，以数字技术为支撑的文本传播活动。"③ "广义的数字出版界定，即数字出版可定义为以'全媒体出版'为特点，数字

---

① 张新新. 数字出版概念述评与新解——数字出版概念20年综述与思考[J]. 科技与出版，2020（7）：53.
② 张立. 数字出版相关概念的比较分析[J]. 中国出版，2006（12）：14.
③ 罗秉雪. 数字出版：新语境下的概念变迁与界定[J]. 出版发行研究，2016（1）：27.

技术为支撑，立足于内容层面的复合出版活动。"① 狭义概念更加聚焦内容，广义概念则更加关注"全媒体出版"。

伴随着数字出版产业的不断发展演进，数字出版的内涵在开放性与深入性的研究探索当中将会更趋清晰。

二、融合发展内涵研究

之所以在谈及出版融合发展时，首先对数字出版概念的研究分析进行了如前所述的简要说明，是因为融合发展是基于数字出版的讨论之上产生的概念，与数字出版为近亲家族，时常相伴相随，甚至有时大家讨论时，数字出版与融合发展经常相互代替。明晰了数字出版的基本内涵，有助于对出版融合发展的内涵产生更深刻的理解。

在论及出版融合时，首先要回归出版本身。出版是一种传播媒介，具有传媒的特征，又不同于报纸、广播、电视、网络等新闻工具，或者说新闻媒体。耿相新提出："如果从计算机技术角度去定义 media，我们可以认为媒体是传播信息资讯的载体或平台；是信息传递过程中，在传播者和接受者之间传递信息的一切物质工具的总称，它包括存储和传递信息的物理载体，如书本、挂图、磁盘、光盘、磁带以及相关播放设备等，

---

① 罗秉雪. 数字出版：新语境下的概念变迁与界定［J］. 出版发行研究，2016（1）：28.

也包括信息的表现形式,如文字、声音、图像、动画等符号系统。"① 这个定义从传播载体、物质工具层面界定 media,把传统出版的知识信息的主要载体之一——书本纳入媒介类别之内。当下,由于数字技术、信息技术的飞速发展,对传统出版带来革命性的冲击,纸质图书不仅必要而且必须持续与计算机技术、人工智能技术、大数据技术等紧密联姻,顺应数字化时代的发展趋势,才能在一定程度上生存发展得更快更好。"基于此,在信息文明时代、在数字媒体时代,纸质图书不能停留在单一媒介的位置故步自封,而必须走向平台化、媒体化、互动化,才能够继续自己的文化使命。"② 也就是说,在当下的全媒体时代,图书需要从传统媒介向数字媒体转向,从纸质出版向数字化的平台型出版转变,从单一地为读者提供信息到实现出版与受众的互动转化,出版的媒体属性表现得越来越突出。于殿利认为,"图书因具有阅读的功能和流通的特性而具有传播媒介的属性,但传播媒介与媒体还不能完全画等号"③。可是,"自新的数字传播技术催生新媒体以来,新闻发布和知识传播在传播的内容和传播的时效性方面存在的截然差别,正在逐渐淡化。这让我们越来越强烈地感受到,出版正在形成新的

---

① 耿相新. 从媒介到数字媒体:"四书合一"的出版时代 [J]. 出版业,2021(2):18.
② 耿相新. 从媒介到数字媒体:"四书合一"的出版时代 [J]. 出版业,2021(2):19.
③ 于殿利. 论媒体融合与出版的关系 [J]. 出版业,2020(7):23.

特征,即越来越具有媒体的特征和属性"。出版的这种新的媒体化主要有三个表征:"新的数字传播技术正在制造全息社会","新的数字传播技术促使图书媒介与新闻媒体融合","新媒体情境下互联网出版的媒体舆论作用更加突出"。① 因此,进行媒体融合是推动传统出版继续发展的关键力量。《传媒经济学教程:第 2 版》一书中,谈到数字革命对媒介融合的影响时写道:"在数字时代,无论是何种形态的信息,一经数字技术的处理,都可以整合为同一的数字化信息。经由数字化的转换,所有的传统媒介都可以转型为新媒介,如报纸转型为电子报纸,杂志转型为电子杂志,出版转型为网络出版,广播转型为数字广播,电视转型为数字电视等等。"② 此处论述直接将出版与报纸、杂志、广播、电视等具有新闻属性的新媒介并列,既说明了出版媒介属性的增强,也说明了媒介融合与出版的密切关系,强调了出版进行媒介融合的必然归路。上述几位学者,或在出版行业深耕 30 余载,或立足专业角度研究传媒行业多年,他们对出版的传播媒介属性、对数字化信息技术革命对出版带来的深刻影响、对出版作为一种数字媒体进行媒体融合的必要性的观点几乎是一致的。因此,在谈论媒体融合时,出版融合就成为其中不可或缺的一个重要方面与重要

---

① 于殿利. 论媒体融合与出版的关系 [J]. 出版业,2020 (7):23 - 24.

② 喻国明,丁汉青,支庭荣,陈端,曲慧. 传媒经济学教程:第 2 版 [M]. 北京:中国人民大学出版社,2019:189.

类别。

从上述学者的学术观点可以看出,数字时代,数字出版已经成为数字媒体的一个主要类别,因而,媒体融合过程中推进出版融合就成为应有之义。那么,接下来就可以对出版融合内涵的研究进行一下简要分析。进入分析之前,首先梳理一下国家层面近年出台的关于融合发展的有关文件。

在国家层面,习近平总书记关于媒体融合的多次重要讲话和国家颁发的相关重要文件对媒体融合的目标指向、地位作用、构建体系等指明了根本性方向,做出了战略性规划。

(一) 习近平总书记关于融合发展的多次重要讲话

2013年8月19日至20日,全国宣传思想工作会议(第四次)召开,习近平总书记做重要讲话。习近平总书记指出:"要加快传统媒体和新兴媒体融合发展,充分运用新技术新应用创新媒体传播方式。"[①] 这是习近平总书记首次提及通过"媒体融合发展",做好宣传思想工作。

2014年8月18日上午,习近平总书记主持召开中央全面深化改革领导小组第四次会议并发表重要讲话。关于推动传统媒体和新兴媒体融合发展,习近平总书记强调:"强化互联网思维,坚持传统媒体和新兴媒体优势互补、一体发展,坚持先

---

① 中共中央文献研究室. 习近平关于全面深化改革论述摘编[M]. 北京:中央文献出版社,2014:84-85.

进技术为支撑、内容建设为根本，推动传统媒体和新兴媒体在内容、渠道、平台、经营、管理等方面的深度融合，着力打造一批形态多样、手段先进、具有竞争力的新型主流媒体，建成几家拥有强大实力和传播力、公信力、影响力的新型媒体集团，形成立体多样、融合发展的现代传播体系。"① 会议审议通过的《关于推动传统媒体和新兴媒体融合发展的指导意见》是国家层面出台的首个指导媒体融合发展的指导性文件，形成了推动媒体融合发展国家政策层面的第一个专门性文件。

2015年12月25日，习近平总书记视察解放军报社时，对传统媒体和新兴媒体融合发展问题高度关注。习近平总书记在讲话中强调："新形势下办好解放军报，必须坚持创新为要。""要顺应互联网发展大势，勇于创新、勇于变革，利用互联网特点和优势，推进理念、内容、手段、体制机制等全方位创新，努力实现军事媒体创新发展。要研究把握现代新闻传播规律和新兴媒体发展规律，强化互联网思维和一体化发展理念，推动各种媒介资源、生产要素有效整合，推动信息内容、技术应用、平台终端、人才队伍共享融通。"② 在这次讲话中，习近平总书记将2014年8月强调的媒体融合由"优势互补、一体发展"提升至"强化互联网思维和一体化发展理念"，将

---

① 共同为改革想招一起为改革发力 群策群力把各项改革工作抓到位 [N]. 光明日报, 2014-08-19.
② 曹智, 栾建强, 李宣良. 坚持军报姓党坚持强军为本坚持创新为要为实现中国梦强军梦提供思想舆论支持 [N]. 光明日报, 2015-12-27.

"内容、渠道、平台、经营、管理等方面的深度融合"提高到"推动各种媒介资源、生产要素有效整合,推动信息内容、技术应用、平台终端、人才队伍共享融通"。由深度融合向共享融通的转变,我国媒体融合的发展理念指引更加明确。

2016年2月19日,习近平总书记在党的新闻舆论工作座谈会上发表重要讲话。习近平总书记强调:"只是将传统媒体和新媒体作简单嫁接,'左手一只鸡,右手一只鸭',没有实现融合。融合发展关键在融为一体、合而为一。要尽快从相'加'阶段迈向相'融'阶段,从'你是你、我是我'变成'你中有我、我中有你',进而变成'你就是我、我就是你',着力打造一批新型主流媒体。需要强调的是,内容永远是根本,融合发展必须坚持内容为王,以内容优势赢得发展优势。"[①] 习近平总书记的讲话进一步明确了融合发展的内涵和目标,媒体融合的质量水平向着更加明晰的方向迈进。

2018年8月21日,习近平总书记在全国宣传思想工作会议(第五次)上发表重要讲话:"要加强传播手段和话语方式创新,让党的创新理论'飞入寻常百姓家'。要扎实抓好县级融媒体中心建设,更好引导群众、服务群众。"[②] 对县级融媒体中心在建设具有强大凝聚力和引领力的社会主义意识形态中

---

① 中共中央文献研究室. 习近平关于社会主义文化建设论述摘编[M]. 北京:中央文献出版社,2017:46.

② 习近平. 习近平谈治国理政:第三卷[M]. 北京:外文出版社有限公司,2020:313.

的重要作用与担当任务进行了高度强调。

2019年1月25日,中共中央政治局在人民日报社就全媒体时代和媒体融合发展举行第十二次集体学习。中共中央总书记习近平主持学习并发表重要讲话。习近平总书记强调:"伴随着信息社会不断发展,新兴媒体影响越来越大。"①"推动媒体融合发展、建设全媒体就成为我们面临的一项紧迫课题。"要"深刻认识全媒体时代的挑战和机遇","全面把握媒体融合发展的趋势和规律","推动媒体融合向纵深发展"。②"传统媒体和新兴媒体不是取代关系,而是迭代关系;不是谁主谁次,而是此长彼长;不是谁强谁弱,而是优势互补。从目前情况看,我国媒体融合发展整体优势还没有充分发挥出来。要坚持一体化发展方向,加快从相加阶段迈向相融阶段,通过流程优化、平台再造,实现各种媒介资源、生产要素有效整合,实现信息内容、技术应用、平台终端、管理手段共融互通,催化融合质变,放大一体效能,打造一批具有强大影响力、竞争力的新型主流媒体。"③

习近平总书记关于媒体融合(融合发展)的重要讲话要点见表1-1:

---

① 习近平. 习近平谈治国理政:第三卷[M]. 北京:外文出版社有限公司,2020:316.

② 习近平. 习近平谈治国理政:第三卷[M]. 北京:外文出版社有限公司,2020:316-318.

③ 习近平. 习近平谈治国理政:第三卷[M]. 北京:外文出版社有限公司,2020:317.

表1-1 习近平总书记关于媒体融合（融合发展）的重要讲话要点

讲话时间	会议讲话	讲话要点
2013年8月19日	全国宣传思想工作会议（第四次）上的讲话	要加快传统媒体和新兴媒体融合发展，充分运用新技术新应用创新媒体传播方式。
2014年8月18日	中央全面深化改革领导小组第四次会议上的讲话	坚持传统媒体和新兴媒体优势互补、一体发展，坚持先进技术为支撑、内容建设为根本，推动传统媒体和新兴媒体在内容、渠道、平台、经营、管理等方面的深度融合。
2015年12月25日	视察解放军报社时的重要讲话	强化互联网思维和一体化发展理念，推动各种媒介资源、生产要素有效整合，推动信息内容、技术应用、平台终端、人才队伍共享融通。
2016年2月19日	党的新闻舆论工作座谈会上的讲话	融合发展关键在融为一体、合而为一。要尽快从相"加"阶段迈向相"融"阶段，从"你是你、我是我"变成"你中有我、我中有你"，进而变成"你就是我、我就是你"。
2018年8月21日	全国宣传思想工作会议（第五次）上的讲话	要扎实抓好县级融媒体中心建设，更好引导群众、服务群众。
2019年1月25日	中共中央政治局在人民日报社举行第十二次集体学习时的讲话	坚持一体化发展方向，加快从相加阶段迈向相融阶段，通过流程优化、平台再造，实现各种媒介资源、生产要素有效整合，实现信息内容、技术应用、平台终端、管理手段共融互通，催化融合质变，放大一体效能。

习近平总书记的上述重要讲话涉及融合发展的目标、地位、意义、理念、任务、路径等多个方面，是党的十八大以后我国媒体融合发展方向的重要指引，对于融合发展的基本方向、思维思路、对策探索、纵深推进等具有极强的指导意义。出版作为传媒之一，与新闻类媒体一起认真贯彻落实习近平总书记关于媒体融合与融合发展的系列重要讲话，积极主动开展了富有成效的探索，融合发展向着纵深化的发展阶段持续迈进。

(二) 近年国家层面出台关于融合发展的指导意见与规范性文件

党的十八大以来，习近平总书记针对媒体融合发表了一系列重要讲话，指明了推进融合发展的方向。2014年以来，国家层面出台了推动新闻出版业融合发展的多个指导意见和文件，为融合发展的快速推进提供了政策层面的指导支持。

2014年4月，国家新闻出版广电总局、财政部联合下发《关于推动新闻出版业数字化转型升级的指导意见》。此《意见》从进一步巩固新闻出版业作为文化主阵地主力军地位的客观需要、抢占未来发展制高点、参与国际竞争重要途径的战略高度，明确了新闻出版业数字化转型升级的指导思想、主要任务与保障措施。此《意见》明确了四项主要任务：一是开展数字化转型升级标准化工作，二是提升数字化转型升级技术装备水平，三是加强数字出版人才队伍建设，四是探索数字化转型升级新模式。此《意见》的出台大大加快了新闻出版业数字化转型升级的步伐。国家新闻出版广电总局评选的首批和第二批170家数字出版转型示范单位,在技术与主业融入、重点数字项目开展、升级转型路径探索方面,发挥率先探索和示范带动作用。

2014年8月18日,中央全面深化改革领导小组第四次会议在北京召开。会议审议通过了《关于推动传统媒体和新兴媒体融合发展的指导意见》。这是党的十八大后国家通过的第一个关于媒体融合的指导意见。

2015年3月,国家新闻出版广电总局、财政部联合正式下发《关于推动传统出版和新兴出版融合发展的指导意见》。本《意见》着眼出版行业,从出版业巩固壮大宣传思想文化阵地的迫切需要、履行文化职责的迫切需要、自身生存发展的迫切需要三个"迫切需要"的战略层面,将"融合发展"作为提升传统出版在网络传播空间提升影响力的关键力量。本《意见》不仅明确了重点任务,还提出了政策措施,出版业的融合发展有了国家宏观的产业发展目标和有利政策支撑。本《意见》明确了创新内容生产和服务、加强重点平台建设、扩展内容传播渠道、拓展新技术新业态、完善经营管理机制、发挥市场机制作用六项重点任务部署;提出了加强相关法律法规修制工作、加大财政政策支持力度、优化出版行政管理、实施项目带动战略、强化人才队伍建设五个方面的财政与政策支持。本《意见》颁布后,一批出版融合发展项目获得中央文化产业发展专项资金支持，国家古籍整理出版、农家书屋、绿色印刷等重点项目融合发展的质量与水平明显提高。

2016年，国家新闻出版广电总局办公厅先后下发《关于申报出版融合发展重点实验室有关工作的通知》（2016年4月）、《关于开展首批新闻出版业科技与标准重点实验室申报工作的通知》（2016年10月）、《关于加快新闻出版业实验室建设的指导意见》（2016年10月）。经过评选公示，20家单位入选国家新闻出版广电总局出版融合发展重点实验室。出版融合发展重点实验室依托单位和共建单位涵盖国内在出版融合研究和实际应用领域有着突出优势的出版发行集团、报业集团、数字技术公司、数字内容运营企业、高等院校、科研院所等。出版发行单位入选最多，其中，既有如中国出版集团公司等中央文化企业，也有如凤凰传媒、中南传媒、中文传媒、大地传媒等有关省市上市出版企业；既有中国科技出版传媒股份有限公司等综合类大型出版集团，也有如人民教育出版社、中国建筑工业出版社、外语教学与研究出版社等教育类、专业类、大学类单体社等。报业集团包括浙江日报报业集团、南方报业传媒集团等。数字技术企业包括科大讯飞股份有限公司、北京方正阿帕比技术有限公司等。数字内容运营企业包括咪咕数字传媒有限公司、掌阅科技股份有限公司等。科研院所包括中科院自动化研究所、中国新闻出版研究院等。2016年12月，国家新闻出版广电总局办公厅下发《关于发布首批新闻出版业科技与标准重点实验室的通知》，26家专业领域实验室和16家跨领域综合性实验室入选。2020年9月，国家新闻出版署《关于开展出版业科技与标准重点实验室申报工作的通知》下发。经综合评审，2021年2月3日，《国家新闻出版署关于发布出版业科技与标准重点实验室名单的通知》下发，42家重点实验室入选。

出版融合发展重点实验室和新闻出版业科技与标准重点实验室在新闻出版产业发展重点项目、转型升级重大项目方面勇于创新，研发出了促进出版业数字化发展的相关技术成果。出版融合发展重点实验室（武汉）的RAYS（Readers at Your System）项目以做具有延续服务能力的现代纸书为出发点，积极为推动传统出版融合发展提供解决方案。"富媒体数字出版内容组织与知识服务重点实验室"为出版业科技与标准重点实验室，在富媒体形态下的数字出版内容知识挖掘及发现、知识组织技术及工具、知识关联及重组、知识资源产品运营与服务管理系统资源获取、知识服务模式及应用示范等方面展开了相关技术研究，自主研发系列软件系统，包括关系推荐系统、富媒体出版内容组织与知识服务系统、主题演化路径识别工具软件、知识组织系统构建维护与服务平台、新词发现系统、分类映射系统、知识发现系统软件、"一带一路"基础知识库系统软件、电子档案内容自动标引系统、档案—词表间关系可视化工具、档案智能检索工具、学术知识图谱构建系统、多模态知识图谱问答系统、抽取式文本摘要系统等。同时，重点实验室承担多项科研课题，取得了系列科研成果。此外，还通过设立开放基金，产出了深加工言语语料的检索统计软件、语音文本对应系统、富媒体可视化分析系统、基于语义出版技术的社科教材编写系统、基于强化学习的关系抽取系统等多个软件系统。"富媒体数字出版内容组织与知识服务重点实验室"大力加强与传统出版企业的合作，推动了技术与科研成果的应用。其与安全生产报社的"报业主题信息服务"进行应用示范，支撑安全应急管理的知识组织体系的构建；在农业科学技术出版社主导的"专业出版知识服务"和"期刊出版知识服务"进行行业应用示范，支撑奶业、水稻、果业等领域的知识组织体系的构建及管理，支撑实现奶业、水稻、果业等相关图书、期刊资源的组织、导航、标引及重组等功能；与中华书局合作，构建中华书局古籍领域词表；与社会科学文献出版社合作，构建社会科学文献出版社知识发现系统；支持交通出版社的知识体系建设等。新闻出版业科技与标准重点实验室在加强示范引领、促进成果转化、大力推动出版业数字化转型和出版融合深入发展方面成为重要推动力量。

2017年3月，国家新闻出版广电总局、财政部联合下发《关于深化新闻出版业数字化转型升级的通知》。本《通知》提出了五项重点任务：优化软硬件装备，开展数据共享与应用，探索知识服务模式，持续开展创新，加快人才培养。本《通知》还进一步明确了"分工与要求"：推动新闻出版业数字化转型升级工作由国家新闻出版广电总局、财政部共同组织与推进；各级新闻出版广电行政部门要进一步加强组织管理；

各相关行业机构、行业协会要进一步加快支撑行业数字化转型升级的能力建设；各新闻出版企业要进一步加大数字化转型升级的投入。实施主体上，从国家、省级行政部门到行业协会、机构与企业，各司其职，全面介入，立足自身分工，充分发挥部门职能；组织管理上，总局的顶层设计涉及具体工作部署、细化进度安排、完善项目管理规范，指导行业工作，地方要在深化管理与项目申报、实施、监管上发力，领导指导与统筹谋划相结合，协调推进与有效管理相结合；服务能力提升上，行业协会、机构要在机构建设、标准规范建设、制度与机制建设、行业基础环境建设、共性技术研发等方面加快提升服务水平能力；资金投入上，既提供财政资金与政策支持，又强调企业自我资金投入。此后，新闻出版业数字化转型向着深化与提升阶段阔步迈进。

2020年9月，中共中央办公厅、国务院办公厅印发《关于加快推进媒体深度融合发展的意见》。本《意见》指出："要以先进技术引领驱动融合发展，用好5G、大数据、云计算、物联网、区块链、人工智能等信息技术革命成果，加强新技术在新闻传播领域的前瞻性研究和应用，推动关键核心技术自主创新。要推进内容生产供给侧结构性改革，更加注重网络内容建设，始终保持内容定力，专注内容质量，扩大优质内容产能，创新内容表现形式，提升内容传播效果。要深化主流媒体体制机制改革，建立适应全媒体生产传播的一体化组织架构，构建新型采编流程，形成集约高效的内容生产体系和传播链条。要发挥市场机制作用,增强主流媒体的市场竞争意识和能力,探索建立'新闻+政务服务商务'的运营模式,创新媒体投融资政策,增强自我造血机能。"① 本《意见》虽然侧重新闻性媒体的深度融合发展,但是,其中强调的新技术应用、内容生产改革、优质内容表现、全媒体生产传播等方面对出版融合发展同样具有高度的理论指导意义和实践指引作用。

2022年4月,中共中央宣传部印发《关于推动出版深度融合发展的实施意见》的通知。本《实施意见》围绕加快推动出版深度融合发展、构建数字时代新型出版传播体系、坚持系统推进与示范引领相结合的总体思路,从加强出版融合发展战略谋划、强化出版融合发展内容建设、充分发挥技术支撑作用、打造出版融合发展重点工程项目、建强出版融合发展人才队伍、健全出版融合发展保障体系六个方面,做出了宏观部署和顶层谋划,对"十四五"时期不断壮大数字出版产业、系统推进出版深度融合发展具有重要的指导意义,成为未来一段时期出版业大力推进出版深度融合、创新传播的方向指引和行动指南。

党的十八大一来国家层面出台的关于数字化转型升级和融合发展的政策与规范性文件(部分)见表1-2。

---

① 中办国办印发《关于加快推进媒体深度融合发展的意见》[N].光明日报,2020-09-27.

表1-2 党的十八大以来国家层面出台的关于数字化转型升级和
融合发展的政策与规范性文件（部分）

出台时间	文件名称	组成部分	主要任务（总体思路）
2014年4月	关于推动新闻出版业数字化转型升级的指导意见	总体要求 主要任务 保障措施	1. 开展数字化转型升级标准化工作 2. 提升数字化转型升级技术装备水平 3. 加强数字出版人才队伍建设 4. 探索数字化转型升级新模式
2015年3月	关于推动传统出版和新兴出版融合发展的指导意见	总体要求 重点任务 政策措施 组织实施	1. 创新内容生产和服务 2. 加强重点平台建设 3. 扩展内容传播渠道 4. 拓展新技术新业态 5. 完善经营管理机制 6. 发挥市场机制作用
2017年3月	关于深化新闻出版业数字化转型升级的通知	指导思想 目标与原则 主要任务 保障措施 分工与要求	1. 优化软硬件装备 2. 开展数据共享与应用 3. 探索知识服务模式 4. 持续开展创新 5. 加快人才培养

续表

出台时间	文件名称	组成部分	主要任务（总体思路）
2020年9月	关于加快推进媒体深度融合发展的意见	重要意义 目标任务 工作原则	1. 推动主力军全面挺进主战场 2. 走好全媒体时代群众路线 3. 以先进技术引领驱动融合发展 4. 推进内容生产供给侧结构性改革 5. 深化主流媒体体制机制改革 6. 努力打造全媒体对外传播格局 7. 大力培养全媒体人才 8. 加强政策支持，形成政策保障体系
2022年4月	关于推动出版深度融合发展的实施意见	六个方面	1. 加强出版融合发展战略谋划 2. 强化出版融合发展内容建设 3. 充分发挥技术支撑作用 4. 打造出版融合发展重点工程项目 5. 建强出版融合发展人才队伍 6. 健全出版融合发展保障体系

注：上述表1－2所列除2020年9月《关于加快推进媒体深度融合发展的意见》内容，系根据《光明日报》2020年9月27日刊发的《中办国办印发〈关于加快推进媒体深度融合发展的意见〉》一文整理外，其他内容参考国家新闻出版署官方网站 http：//www.nppa.gov.cn/nppa/index.shtml。

国家关于推动新闻出版业数字化转型与融合发展的系列指

导意见和规范性文件，为传统出版向数字出版的转型升级提供了强大的政策支持，使得出版业推进融合发展的目标任务更加明确，技术融合富有成效，数字化发展的进程明显加快，数字出版规模持续扩大，数字阅读、有声读物、知识服务、移动出版、数字教育等数字产品供给的形态渐趋丰富和多样，催生了日益增长的数字内容消费需求，打造了融合发展的新样态、新业态。

三、出版融合发展内涵研究分析

把握互联网传播规律，始终强化主流价值网上舆论引领，推进媒体深度融合发展，不仅是切实维护国家政治安全、文化安全与意识形态安全的紧迫要求，也是使互联网这个最大变量变成事业发展最大增量的必然要求。出版工作是党的宣传思想文化工作的重要组成部分，是促进文化繁荣兴盛、建设社会主义文化强国的重要力量。推动出版融合发展，不仅是推动出版业持续、健康、繁荣、高质量发展和建设出版强国的重要实施路径，更是出版发挥巩固壮大主流思想舆论、增强文化自信、提升国家文化软实力的重要使命责任。因此，伴随着出版融合发展的纵深推进，专家学者对出版融合发展的研究也持续深入。

正如对数字出版内涵的界定尚未形成统一、规范的定义一样，出版界对融合发展概念的内涵界定与研究，伴随着出版融合的演进,也在经历明晰和趋同的过程。郝振省认为,"'融合发展'这一概念的提出是有针对性的",是数字化、网络化对出版的冲击影响下出现的名词。2014年8月18日,习近平总书记在中央全面深化改革领导小组第四次会议上的讲话中指出,要坚持传统媒体和新兴媒体优势互补、一体发展,坚持先进技术为支撑、内容建设为根本,推动传统媒体和新兴媒体在内容、渠道、平台、经营、管理等方面的深度融合。"总书记的这个要求其实回答了融合发展的本质(根据)、发展阶段及未来趋势。"① 传统媒体与新兴媒体的"优势互补,劣势互堵"与"此长彼长,一体发展"是融合发展的"根据与真谛"。基于前述"根据与真谛",郝振省将出版传媒业的融合发展分为三个阶段:"以媒介内部融合为特征的全媒体阶段,所谓编辑记者由'孤独的狼'变成'全媒体工作者'的过程,所谓媒介内部一次采集,多平台加工传播的阶段,也可被认为是'内涵式'发展阶段;以不同媒体间的融合为特征的融媒体阶段,包括传统媒体、传统出版单位与新兴媒体不同法人间的融合,出版传媒机构与技术公司的融合,也可看作是外延式融合阶段,是一种涉及跨所有制的融合发展;以媒体行业与其他行业融合为特征的跨界融合阶段,即把媒介机构的内部生产链条向外拉,延伸到社会接受与消费这一环节,放大到整个产业的文

---

① 郝振省.出版传媒业"融合发展"概念的再讨论[J].出版发行研究,2020(6):1.

化形态中,是媒体与社会的融合,是生产与消费的融合,实际上是万物皆媒体,媒联万物的阶段。"① 佘江涛认为,出版社的融合出版是自身内容的溢出,一开始就要和优势的传统出版紧密关联,从那里自然延伸、生长起来,助推优质纸书的营销和销售,并逐步实现自身盈利;一开始就要讲产品形态和商业形态,讲投入和产出;一开始就要优化内容生产体系,在内容建设上讲垂直化、专业化;一开始就要注重自有内容、营销、销售平台的建设。② "总而言之,出版社的融合出版一定发端于成熟的出版,发端于垂直化、专业化、市场化;成形和成熟于出版新生态的内容多元化、营销矩阵化、销售网格化,以及知识服务所必需的内容产品化和标准化。"③ 徐丽芳、陈铭认为:"媒介融合是人类社会的一种出版传播现象,如同开花是一种自然现象,产业集聚是一种经济现象。它是一个发展过程,指达到'融合后那种状态'的途径、方式,如通常所谓媒介技术融合、媒介产品和服务形态融合、媒介产业融合等。作为'行进中'的动态过程,它在具体的媒介产品、媒介活动或媒介机构中可以体现为不同层面、维度、水平、阶段的融合。"④ 徐丽芳、陈铭两位从上述媒介融合的定义中,从出版

---

① 郝振省. 出版传媒业"融合发展"概念的再讨论[J]. 出版发行研究,2020(6):1.
② 佘江涛. 走向未来的出版[M]. 南京:南京大学出版社,2021:50-51.
③ 佘江涛. 走向未来的出版[M]. 南京:南京大学出版社,2021:51.
④ 徐丽芳,陈铭. 媒介融合与出版进路[J]. 出版业,2021(3):3-4.

资源（内容、渠道、技术）、价值主张、产业方面分析了出版产业的新发展路径。

上述每位学者对出版融合发展的定义和理解各有新意。在郝振省对融合发展的阐释中，融合发展包括全媒体的内部融合、融媒体的媒体间融合、跨媒体的万物融合。这一概念关涉融合发展认识的多个要素，以阶段划分概括融合发展的多重特点。佘江涛所进行的融合出版的阐释，基于传统出版之上，把内容的多元开发融合和进行内容传播的平台、营销、销售相结合，与传统出版的编辑、复制、发行这一完整的出版活动相联系，考虑到了融合发展的不同构成要素。徐丽芳、陈铭的说明更多触及融合发展的出版资源建设、发展路径与产业形态。

综合以上分析，可以初步理解融合发展这一概念的一般特征。对出版融合的共同性特点不妨大致这样概括：出版融合是以优质内容生产为核心，以信息技术革命成果为支撑，创新内容表现与制作形式，提升精准传播效果的新型出版活动。以这样的特征为出发点，出版融合至少包括以下最基础的几个方面：优质内容的来源与资源整合，技术对传统出版活动编辑、印制、发行的影响与改进，传统出版流程的改变再造，内容的多媒体化呈现，网络化的复制与传播，线上线下营销的整合。

第三节 出版融合重要关联因素研究简要分析

以上述的出版融合发展的内涵分析为支点，在对出版融合重要关联因素进行研究分析时，内容、技术、渠道、用户、营销等就会成为出版融合的必然关系因素。同时，每一个融合出版的环节都离不开编辑、营销主体的参与，作为出版生产要素的人的劳动也会成为重要关联要素之一。

一、关于优质内容建设研究简要分析

柳斌杰指出，2021年，出版业要关注并思考四个热点问题：高质量的主题出版物、高质量的出版服务、高质量全民阅读、高质量的国际出版合作交流。他强调："高质量的出版服务——在疫情催生的出版新技术、新业态、新平台，拓宽了在线读书、远程研学等，为出版服务带来新动能，能否抓住机遇，以此促进出版深度融合，形成出版业高质量服务产业链，这是出版业主动求变的主攻方向，也是未来出版强大之路。"[①]

---

① 柳斌杰. 坚定自信　主动求变　建设高质量出版强国［J］. 中国出版，2021（5）：7.

郭义强指出:"在推进融合发展进程中,出版界要始终坚持以人民为中心,牢固树立精品意识,将更多精力、资源投向内容生产,深耕优质内容,倾力打造更多思想精深、创意精彩、技术精湛、制作精良,'两个效益'俱佳、叫好又叫座的出版精品。要提升资源整合水平,将优质内容与先进技术、新兴媒介、创新形态有效对接,把资源优势真正转变为发展优势。"① 郭义强着重强调了持续加强优质内容建设对于出版融合的重要意义。张立科认为,构建全媒体出版格局是融合发展的整体目标:"首先要以前端编辑部门组织重构为基础,鼓励内容优势领域从单一图书的一元向图文课程、音视频课程、专栏等多元化产品拓展,实现一次创意多种产品。"② 张立科关注的是优势内容的重点突破,强调的是一个内容多种创意、一次创意多次开发、一次开发多种产品、一种产品多种形态的融合出版路径。张建春强调:"要着力打造一批主题类数字出版精品……要着力推出一大批满足大众阅读和专业研究需求的数字化产品与服务。聚焦个性化、多样化学习阅读的新需求,适应信息传播移动化、可视化、交互化趋势,推出更多满足多层次需求的音视频读物、数字教育出版物、专业数据库、动漫科普产品,服务科技进步,服务学术研究,丰富人民群众精神文

---

① 郭义强. 深化出版融合, 推进行业高质量发展 [J]. 出版发行研究, 2019 (9): 6.

② 张立科. 构建全媒体初步格局的发展策略研究 [J]. 出版发行研究, 2019 (11): 29.

化生活。"① 张建春在对主题出版物的数字化重点进行强调的基础上，对数字出版产品的类别进行了部分列举，提及的有音视频出版、数据库出版、数字教育出版、动漫出版等多个多媒体出版物形态，数字产品的内容类别和发力重点更加清晰，具有明确的指向性，数字出版的服务性作用也更加突出。

二、关于出版融合中的技术融入的简要分析

在当下数网时代，5G、大数据、云计算、物联网、区块链、人工智能、虚拟现实和增强现实等信息技术，正在深刻塑造着社会生活的新形态和产业的新未来，出版融合同样离不开技术的支撑。

多位学者指出，5G 技术对出版融合发展的影响至关重要。柳斌杰指出："以技术为支撑的出版融合带来了多业态、多形态、多样化的出版，疫情之下加快了由迭代并行向融合一体发展，多数主体出版机构由相加进入相融，传统出版的内容优势在新技术的推动下向有声出版、数字出版、网络出版和智能出版转化，创造了出版新产品、新平台，丰富了新阅读，延伸了产业链，使出版业的整体实力进一步增强，发展潜力更大。"②

---

① 张建春. 大力实施数字化战略　推动出版强国建设 [J]. 出版发行研究，2021（3）：5.
② 柳斌杰. 坚定自信　主动求变　建设高质量出版强国 [J]. 中国出版，2021（5）：5.

技术对出版业的整体实力提升与高质量发展的基础性支撑作用日益重要。耿相新认为："随着计算机、互联网和4G、5G通信等技术广泛而深入地应用于出版业，传统纸质图书也在技术的帮助下，从单一的纸媒介走向前台、走向平台、走向后台连接，成为一个连接前后平台的媒体，经由它而通向电子书、有声书和视频书的传播平台和数字媒体，'四书'得以在数字出版、融媒出版和融合出版时代'合一'出版、'合一'传播、'合一'销售，从而构成新的出版图景。"① 技术的发展使得"四书合一"在图书形式上为内容生产提供了一线、双线或多线相互网状交叉的载体呈现，基于融合出版的视角，"书"的内涵被广度延展，内容传播的路径被大大拓宽。王亮、张佳倩认为，5G技术的发展为出版业的融合发展带来了前所未有的机遇，出版业应重点把握"利用'5G+物联网'进行产品和服务模式创新""面向5G先行群体研发高保真出版物衍生品""逐步建立'小大数据体系'""将出版物营销向视频模式切换"② 四项重点，进行融合发展方向的主动探索和深入实践。

人工智能技术已运用到出版生产环节与出版产业。周觅认为："人工智能技术对出版业的介入，对整个行业的发展产生了深远影响。出版结构和工作秩序被重新调整，编辑的身份和

---

① 耿相新. 从媒介到数字媒体："四书合一"的出版时代 [J]. 出版业，2021（2）：22.

② 王亮，张佳倩. 4G/5G过渡时期出版业融合发展策略 [J]. 出版业，2020（11）：21－22.

工作也被重新定义。编辑只有厘清人工智能与编辑之间的关系，探索出更加合适的工作模式，才能适应和驾驭新的技术，并能够接受与技术共生的工作方式和价值提供方式。人工智能时代的编辑一方面在固守价值判断与伦理判断等核心功能中实现对编辑核心价值的传承，另一方面也要与人工智能在人机协调中实现共同进化。从全媒型与专家型到精深化与去专业化发展，随着职业功能与内涵框架的不断修正与完善，人工智能时代的编辑职业将会朝编辑理论发展的推动者、编辑人工智能科学家、编辑理论到实践的'转译'者以及非专业编辑劳动者四个方向分化，从而产生完全不同但又相互赋能的职业发展形态。"① 许洁、张娜认为，人工智能与出版的深度融合，为用户参与创作内容、贡献内容提供了智能化的解决方案。依据BME（Bidirectional Message Effects，即双向信息效果）理论，作者将"人工智能环境下用户贡献内容的创作出版分为三个阶段：信息获取与深度学习、认知中的内容创作、创作内容发布。人工智能在以上三个过程中主要负责大数据需求分析、信息的智能分发与推送、对用户贡献内容进行筛选与优质内容的集成"②。人工智能技术在出版内容的生产创作方面已经开始发挥作用。李华君、张智鹏认为，在数字出版经历数字化、碎

---

① 周觅. 传承与分化：人工智能时代编辑的发展之路 [J]. 出版发行研究，2021（1）：16.

② 许洁，张娜. 人工智能环境下用户贡献内容的创作出版分析新框架 [J]. 出版发行研究，2020（7）：61.

片化进入体系化的阶段后,人工智能的兴起为数字出版注入了新的活力。人工智能通过不仅可以对数字出版用户的线下与线上的实时场景感知,还可以在用户进行产品体验与使用的过程中,通过沉浸技术重塑空间环境、智能交互技术构建行为与心理环境,进行新场景的创造性生产,实现用户的沉浸式体验;并在场景中嵌入诸多入口,使人工智能成为用户的个人场景助理,满足用户的流动需求要求,从而延伸数字出版产品的知识服务价值。① 许志强则认为,人工智能将催生传媒产业新业态,"人工智能如同云端大脑,依托从'高速公路'获取的信息和价值使得机器智能化。人工智能遵循'传感+''物联+''智能+'三步走策略,将助推传媒产业的智能化转型升级并使其具有更强的放大效应"②。如此,从编辑主体驾驭技术到出版内容创作生产,从用户通过场景式、沉浸式体验延伸数字产品的知识服务价值到助力传媒新业态诞生,人工智能技术已影响到知识的生产与服务这一出版深度融合的关键环节。

对区块链技术在出版融合发展中的应用研究较多体现在数字版权保护应用、知识资源管理的探索之中。唐俊杰认为:"在出版生产链条上,从内容生产、印刷制作、营销发行,到版权保护、知识资产管理……这一系列过程都可成为区块链技

---

① 李华君,张智鹏. 人工智能时代数字出版的用户新体验:场景感知、场景生产与入口把控 [J]. 出版发行研究,2019(5):18-21.

② 许志强. 新基建:赋能传媒产业高质量发展 [J]. 中国出版,2021(4):5.

术的应用场景。"① 具体到应用上,可以"降低内容生产过程中的沟通成本","缩短图书发行过程中的回报周期,扩大电子书购买者的权益","提升出版物的防伪功能,促进版权保护和知识产权管理"。② 薛晗认为,区块链技术在数字版权交易实践应用主要体现在五个方面:"有效解决数字版权确权难题","实现数字版权'去中心化'交易","促进数字版权交易环节透明化","重塑数字版权交易信用体系","简化数字版权侵权举证程序"。但是,由于区块链技术尚处于发展阶段,在数字版权交易应用中仍面临一定的现实困境:一是"无法对作品的独创性进行准确认定",二是"难以确认作品与真正作者之间的关联",三是"不可篡改性限制了作者修改权的行使",四是"智能合约有碍于合理使用制度的实施"。在解决路径上,遵循利益平衡原则、公正透明原则、高效便捷原则,"明确数字版权交易制度基本原则";通过整合行政管理体系建构大版权管理模式,明确版权管理组织在区块链中的功能定位,发挥政府作用来"完善数字版权交易中的管理机制";通过进行数字版权权属登记和版权交易登记,"构建数字版权交易的保障机制";通过促进智能合约纳入现行法律框架,"强化数字版权

---

① 唐俊杰. 区块链技术在出版产业的应用展望[J]. 中国编辑,2020(7):43.

② 唐俊杰. 区块链技术在出版产业的应用展望[J]. 中国编辑,2020(7):43-44.

交易的法律护航机制"。① 秦艳华、王元欣从有声书版权保护应用,张允、张韵秋从学术期刊编辑流程的创新,杨航、管彤基于对2019年《纽约时报》"新闻出版溯源"区块链项目的研究从虚假新闻治理,杨春磊、李刚从区块链的反"洗稿"技术应用与司法鉴定等,不同学者从相异角度研究思考区块链技术在新闻出版业的应用创新。

伴随着区块链技术的日渐发展,其在新闻出版业的应用前景会逐步拓展,理论研究亦会趋向深入,形成理论研究和产业发展的互相促进和深化影响。

此外,对于 AR/VR 技术、大数据技术、云计算等技术对出版融合的影响,学者们也进行了多个角度的研究。孙宝林认为,为促进 AR/VR 出版新业态健康发展,一是要清醒地认识到技术的"双刃剑"特性,让技术伦理与技术演进平行,以技术伦理引领和规制技术行为;二是 AR/VR 出版物质量及服务标准要及时跟上,为受众提供优质新产品;三是无论 AR、VR 还是 MR 出版新形态,都要坚守满足人的精神文化需求这个目的。各参与方应良性互动,以责任和担当开路,以技术实现和应用铺道,携手绘就美好前景。② 杜耀宗认为,VR 技术在教育出版的应用中已经展现潜质,但也存在 VR 出版应用的技术

---

① 薛晗. 基于区块链技术的数字版权交易机制完善路径 [J]. 出版发行研究,2020 (6):52-56.

② 孙宝林. 塑造健康的 AR/VR 出版新业态 [J]. 出版发行研究,2017 (1):1.

局限、VR 场景内容的资源局限、VR 出版应用商业模式未形成稳固的盈利模式等问题，从而要基于技术层面、内容层面、盈利模式应对层面进行积极思考探索。① 喻国明、耿晓梦则提出了"算法即媒介"的命题，二人认为，5G 技术革新带来万物互联、万物皆媒的新的传播图景，将媒介看作信息传递工具的认知范式已丧失解释力；媒介天然是一种居间性的概念，这种关系联结属性随着技术发展逐渐成为最关键的媒介逻辑。构成智能时代基础设施的算法是一种更高意义上的媒介，在形塑认知、建构关系、整合社会方面具有重要作用。"算法即媒介"，是"更高意义上的媒介"的提出，彰显了算法在新媒体、新传播情景下，主流传播媒体建设的重要路径，找准新传播图景下媒介运作的核心逻辑——价值关系联结，对于提升主流媒体的传播力、影响力具有不容忽视的重要意义。② 赖青认为，大数据以及人工智能技术在短视频平台的逐步成熟应用，在基于短视频智能算法推荐去中心化、复合推荐、实时分析与渐进式推荐、动态修正的典型特征之上，既极大提升了信息传播的效率、丰富了人们的生活，也带来了信息茧房、信息低劣、信息成瘾等社会问题，间接降低了短视频整体的社会效益。在短视频平台积极推动智能推荐算法优先与价值优先的努力下，传统

---

① 杜耀宗. VR 技术在出版领域中的应用现状及对策分析 [J]. 出版发行研究，2017（3）：36－39.
② 喻国明，耿晓梦. 算法即媒介：算法范式对媒介逻辑的重构 [J]. 编辑之友，2020（7）：45－51.

出版传媒机构需要正视短视频平台已经成为当前信息流最大的传播平台之一的事实，充分发挥自身在内容生产与内容审核上的优势，发挥主流出版传媒机构的作用，以创新的姿态与短视频产业相融合，通过优化内容表达形式，做强内容重构与内容传播，寻找新的发展机遇，实现新旧媒体融合发展。① 徐延章基于算法对移动阅读行为与阅读体验的影响的角度认为，算法赋能为移动阅读服务创新提供了了强劲动力，在移动阅读的智慧体验过程中，结合人工智能算法，一是获取移动阅读用户需求，深挖需求数据；二是进行移动阅读资源建设，丰富阅读资源；三是进行移动阅读情景设计，优化交互情境；四进行移动阅读智慧服务，提升情感体验。在此基础上，使得移动阅读在为用户提供资源和服务的同时，实现公共文化服务的"塑形"与"铸魂"目标，促进公共数字文化服务效能提升。②

可以看出，业界学者对于技术对出版融合发展与影响的研究分析，既有基于技术本身的"双刃剑"特性，对其在出版融合中的支撑作用作整体分析，又有基于某一技术的特征，对不同技术在出版的行业化应用作具体阐释。科学技术作为第一生产力，与出版业有很高的黏合度，并在出版业的适用度及系统深入推进融合发展的效用度上，逐渐成为重要的支点，成为起

---

① 赖青. 短视频智能算法推荐的特性与新旧媒体的再融合 [J]. 中国编辑，2021（9）：17－22.

② 徐延章. 算法赋能：移动阅读的智慧体验进化策略 [J]. 出版发行研究，2021（3）：54－60.

基础性的稳固支撑力量。

三、关于出版融合中的传播要素简要分析

《牛津英语大辞典》（1989年版）对出版的定义作了如此规定："发行或向公众提供用抄写、印刷或其他方法复制的书籍、地图、版画、照片、歌篇或其他作品。"定义的核心是"发行或向公众提供"，也就是把作品公之于众，使读者能够知晓，实现作品的出版价值和传播价值。

首先，公之于众是出版的必要形式。不过，不能说所有的公之于众的行为都是出版，比如演出时向观众分发的节目单和跟帖回帖的留言、评论等。在实际的出版活动中，需要着眼于出版作为一种社会文化活动，在出版所界定的概念范围之内理解公之于众的含义，就不会发生扩大化的理解。其次，从另一个角度看，着眼于出版的各个环节，强调编辑、复制、发行三个不可分割要素整体组织而成的出版活动，通过发行这一环节，也明确了出版实现传播的路径。也就是说，出版作为一种向公众提供作品或信息的组织活动，通过发行或营销渠道，将复制的作品送达受众手中，才实现了传播，完成了整个出版活动过程。

传统出版注重传播，融合出版亦是如此。因此，不论是在国家发布的关于推进数字出版转型升级、促进媒体融合发展的规范性文件中，还是学者对于数字出版与媒体融合的研究中，

对内容传播的研究始终是官方、业界、学者各方共同关注的一个焦点话题。进入全媒体时代，作品、知识的形态，出版传播的渠道、路径，受众接受的习惯、方式等，已经发生了重大变化，出版融合发展的传播样态更加注重创新与多元，更加注重与用户的连接与互动，立体、丰富的传播生态正在形成。

金梦玉、李劭强认为，在以互联网为传播介质的传播主体极端多元化的时代，受众的角色出现新变化：一是在互联网"物理空间"进行界面传播的新受众，着眼于受众群体传播的行为方式；二是以社会网络节点获得社会资本的新受众，着眼于受众群体传播的利己性；三是在新媒体公共性表达中实现媒介实践的新受众，着眼于受众群体传播的利他性；四是以短视频传播制造媒介景观的新受众，着眼于受众群体里传播的最新实践。这些"受众已经成为媒体实践者，他们能够制造的媒介景观越来越多，而这些媒介景观反过来也必然形塑他们的媒介生活与现实生活"①。传媒受众的新特征、新变化再塑了传播情景，决定着传播效果，为融合传播提供了新的受众关照视野。作为传媒的出版，一并处在互联网群体传播的时代，需要关注新受众的新角色，在优质内容的传播上找到切近、贴合、有效的传播通道。高金萍、刘银银以对《主播说联播》短视频栏目的分析为例，对政治转播的样态创新进行了分析。二人认

---

① 金梦玉，李劭强. 互联网群体传播时代受众研究的新进路［J］. 中国编辑，2020（1）：15－20.

为,《主播说联播》栏目在内容推送上,遵循网络传播规律,激发青年群体的政治参与兴趣,以小切口反映大时代,使政治话题更加贴近网民、贴近日常生活;在样态创新上,以契合互联网技术的叙事方式,以互联网思维构建多平台矩阵,以个性化主播形象塑造互联网意见领袖等方式,进行政治传播视域下的创新,实现了裂变式传播,成为主流媒体提升"传播力、引导力、影响力、公信力"的创新型案例。自2003年国家提出主题出版以来,尤其是近年出版界推出了一批围绕中心、服务大局、既叫好又叫座的优秀年度重点主题出版物。如何进行主题出版物内容传播的样态创新,《主播说联播》短视频栏目的做法无疑具有借鉴和启示意义。① 王丹丹认为,出版机构在介入直播电商渠道时,需要重点关注六个方面:一是挖掘私域客户以确定最相关的潜在消费者;二是确立品牌主播的标签化性格特征;三是立足图书产品自身确定好直播内容;四是预先探查"客户直播旅程地图",也就是做好直播前的推广信息获取、直播中的参与和评价、直播后未尽事宜的解决,在直播的每个节点上用恰当的业务或服务满足客户需求,提升客户体验;五是选择恰当的引流信息覆盖方式;六是精细化运营沉淀客户资源。② 当下,直播成为出版单位拉动销售业绩增长、提升品牌

---

① 高金萍,刘银银. 5G时代主流媒体政治传播的样态创新——基于《主播说联播》短视频栏目的分析[J]. 中国编辑,2020(6):42-46.
② 王丹丹. 出版机构拓展直播电商渠道的思路分析[J]. 出版发行研究,2021(1):30-34.

的重要营销方式,开拓直播电商渠道及其他新媒体平台直播正应时所需。

在第四届华中学术传播论坛上,围绕创新学术出版传播机制,武汉大学人文社会科学研究院院长方卿表示:"关键是要顺应全球学术出版传播发展趋势,充分利用现代信息传播技术和手段,做好以下三个'转变'。第一,从'付费订阅'到'开放获取'的转变。全球开放获取期刊、学术社交平台等传播形式发展迅猛,'开放获取'已成为当今学术出版传播的主流方式。第二,从被动服务到主动服务的转变。大数据、人工智能等现代信息技术和手段为寻找或发现潜在用户提供了可能和便利,学术出版单位要充分利用新技术、新手段主动寻找或发现用户,为其提供主动的学术出版成果传播服务。第三,从粗放传播到精准传播的转变。传统学术出版通常以期刊、图书或数据库为单位向用户提供粗放式的传播服务,数字时代的学术出版要为用户提供精细化的知识服务。学术出版单位可以通过对学术成果进行细粒度结构化处理,匹配用户的学术需求,进而为其提供个性化、精准化的知识服务。"① 创新学术出版传播已经成为专家学者在探讨出版学理论建构与实践要件时重点关注的课题。

出版在培育和践行社会主义核心价值观、增强国家文化软实力、提高中华文化国际话语权和影响力方面发挥着重要作

---

① 明海英.创新出版传播机制[N].中国社会科学报,2021-01-06.

用。积极拓展优质内容的传播渠道,大力推动融合传播,尤其是要做强做优主题出版,做好对党的创新理论、重大主题作品及弘扬中华民族精神作品的出版传播。同时,以重大出版工程、重要文化典籍等传世精品以及人文社会科学与科学技术领域的重要著作、精品力作、优秀读物、少儿教材、学习、教育读物等出版精品为重要依托,积极构建新时代出版精品的创新出版融合传播机制和路径,努力打造全方位的传播格局,高扬时代主旋律,大力传播正能量,提振人民精气神,更好担负出版化人育人的出版使命,应该成为出版界持续思考的课题和一以贯之的行动。

四、关于出版融合中的出版流程要素简要分析

在由编辑、复制、发行三个要素构成的出版活动中,编辑工作在传统出版过程中的关键性不言而喻。编辑工作是整个出版工作的中心环节,这是《中共中央、国务院关于加强出版工作的决定》中明确指出的。首先,编辑工作对出版工作的全局具有关键性的作用和影响,没有编辑的活动,优质的精神文化内容就不能通过出版物体现出来,出版的引导社会舆论、培育思想信念、促进经济与科技发展、增进文化积累传播与优化文化选择的社会能动作用就不能很好发挥。其次,在传统出版过程中,编辑工作是出版物复制和发行的前提。再者,高质量的编辑工作能够提供高质量的出版物,塑造出版社的品牌和形

象，为出版单位实现良好的经济效益起到坚实有力的奠基与推动作用。经编辑加工的优质内容成为了出版商的核心资产。可以说，在出版流程要素中，内容生产与编辑能力最为值得关注。

在出版的数字化转型升级进程中，内容生产的逻辑虽然已经发生了变化，但编辑工作仍然居于推动出版融合发展的中心环节。从出版物的呈现方式看，由单一的纸书形式向着电子书、有声书、视频书、数据库等日趋多元的产品形态转变，产品的数字化特征越来越明显；从策划的前端环节看，单一进行纸质图书策划晋级到多形态、多媒体出版物的一体化策划；从内容生产的流程看，图书的诞生由一端向多端衍发，线性的编印发虽然作为基本流程仍在运行，来自用户的热点关注、网络上的知识分享、社交圈层的共同体验、专家学者的线上音视频课程等，都可以成为出版单位内容生产的来源和端口，出现了由线上音视频、在线课程、知识服务等向图书出版转化的现象；从出版物提供优质内容与知识服务的创作主体看，个体作者（或机构）的生产向集团化的方向转变；从知识生产的模式看，单个学科领域逻辑严谨的知识体系向以满足社会的多元需求转变，知识的动态性、开放性、共享性特点日益突出。在这些变化与趋势中，出版流程在改变，编辑工作在改变，编辑主体的知识生产行为在改变。多变量的因素互相促进形成的合力既重塑了传统出版的流程与机制，也影响着出版深度融合的进程。

优质的数字内容生产是推动出版融合发展的根基。任天浩、朱多刚认为，具备了为外部用户提供核心功能（创作/消费，售卖/购买）、交互界面和交互规制的数字平台，通过重设门槛、提供辅助资源的方式，建构了新的内容生产机制。"这一机制引发了大范围内生产主体和生产模式的再组织，形成了主播、创作人这样的新职业，重构了内容领域价值生产的逻辑。在更深的层面，平台改变了内容生产的性质，使其从对专业机构的依赖中解放出来，转而成为大规模、异质化、分布式主体进行的常规活动。"[1] 内容的生产者与提供者由全职生产者扩展到了社会化生产者和兼职生产者，人人都可成为写作者、发布者、传播者，"正是媒介技术在生产机制层面的嵌入，让生产流程与分发流程相契合，形成了全新的内容生产体系"[2]。张新新认为，出版流程的数字化转型是传统出版转型的重要任务之一。出版单位要通过理念革新、技术应用和角色流、业务流、资金流的重塑，"构建一体化、协同化、同步化的出版流程，推动传统出版与数字出版在版权母体、加工制作、发行营销、绩效考核、评估反馈等方面同步展开、协同进行，而非数字出版流程依托于、派生于或滞后于传统出版的编

---

[1] 任天浩，朱多刚. 作为生产机制的平台：对数字内容生产的多案例研究[J]. 出版发行研究，2020（2）：33.

[2] 任天浩，朱多刚. 作为生产机制的平台：对数字内容生产的多案例研究[J]. 出版发行研究，2020（2）：33.

校印发流程"①。汤天甜、温曼露以"学习强国"的知识生产传播与传承为案例,分析了主流融媒体平台进行知识服务的创新路径。二人认为,首先,通过构建社交式的学习情景参与生活化的学习情境隐喻,在学习生态上实现情景化空间的营造,实现平台知识实践与价值引领等多重属性。其次,通过"遵循'描述性境脉'中'多样的学习环境''参与式合作学习''自我意识培养'的历史回溯范式,可对'学习强国'平台中的党建知识、历史文献、社会文化的加以重新阐释"②,打造了学习共同体。("'描述性境脉'源于对不同分析目标的考量,指通过建构过去的、熟悉的故事来对事件的复杂性与丰富性加以理解。"③)再次,通过平台中的传统文化与红色文化,在学习基因上注重多元文化嵌入,更好地践行了主流价值观念。④ 金平认为,知识服务正在成为出版业新的经济增长点、出版业转型升级的关键点,编辑作为知识服务的把关人和策展

---

① 张新新. 出版转型的体系性思考与理论建构[J]. 中国编辑,2020(9):57.

② 汤天甜,温曼露. 互动式隐喻:主流融媒体平台知识服务创新路径探析——以"学习强国"的知识生产与传播情境为例[J]. 中国出版,2021(7):37.

③ 汤天甜,温曼露. 互动式隐喻:主流融媒体平台知识服务创新路径探析——以"学习强国"的知识生产与传播情境为例[J]. 中国出版,2021(7):38.

④ 汤天甜,温曼露. 互动式隐喻:主流融媒体平台知识服务创新路径探析——以"学习强国"的知识生产与传播情境为例[J]. 中国出版,2021(7):39.

人，其知识中介、知识客服、知识产品经理人的角色功能主动性和主导权逐渐加大，资源汇集、加工与整合能力，产品规划与设计能力，数据处理与技术应用能力，项目管理与运营能力，应该成为编辑进行整体转型与提升的重要编辑能力与素质。①

上述学者的研究，相异的内容却有着共同的内核与指向：数字技术的发展使得出版的知识内容生产与传播呈现出鲜明的信息化特征，以数字技术为根基的底层支撑，以多媒体形态呈现的产品形式，以智能设备为终端的传播载体，习惯于接受碎片化、移动化、个性化、嵌入化的使用场景等，使得以优质数字内容生产为核心、以多面能手型编辑为基础的出版再造生产流程不仅可能可行，而且必须必要。

五、关于出版融合中的用户关系要素简要分析

出版企业通过提供信息、知识、艺术、思想等精神文化内容，满足受众的学习求知、实用娱乐、精神情感等不同需求，更好推动社会进步，促进文化繁荣，服务人民生活。出版物则是通过公之于众的途径，以消费者完成购买行为来实现其自身价值的。融合出版亦是如此。在传统出版的分发路径上，一本

---

① 金平. 面向知识服务的编辑角色定位与能力素质提升［J］. 中国编辑，2021（4）：82－85.

书出版后走向何处，持有者何人，消费者有何反馈意见，出版单位难以准确把握。而在数字化时代，技术改变了出版企业与消费者，更准确地说是用户的关系，企业与用户通过数字化能够紧密连接。在随时在线的生活状态、精准化的个性需求、智能数据的收集处理方面，信息技术在给出版业带来内容建设、传播渠道、生产流程、产品形态剧变的过程中，也重塑了企业与用户的新型关系。

在技术的推动与应用背景下，用户至上、服务优化成为出版融合过程中影响用户关系的关键因子。因着出版企业生产精神文化内容产品的鲜明文化属性，立足信息技术推动与产业应用时代大潮，秉持用户至上、服务优化理念，不断创新知识服务路径，多元探索知识服务新模式，为用户提供优质、专业、个性、精准的知识服务，就成为出版融合发展的重要关联驱动要素。

韩丽、初景利认为，国际知名出版机构顺应信息技术和学术出版产业发展，在出版过程中不断加深知识服务的提供力度，加大为用户提供知识服务的能力和水平，具体表现出五大特征：积极投入知识服务开发，依据自身特点开发特色产品，积累型和应用型产品并举，促进开放科研打造互通互联，着力打造知识的标准化和规模化。这些机构通过提供知识服务，提升出版的内容价值，把握用户的知识需求，重构知识出版形态，对于我国的学术出版具有启示意义。我国的学术出版需要打造资源聚集的知识服务，通过加强刊群建设、建立学术资源整合平台、学术期刊编辑融入知识服务过程之中，以推动我国学术期刊知识服务的纵深发展，促进从传统出版走向知识服务。[①] 王钰认为，教育出版知识服务模式应适应个性化转型要求，通过用户感知视角，在原型场景识别、用户场景发现、用户需求理解及知识服务适配四个环节，构建场景化教育出版知识服务的实现路径。[②] 李广宇、周庆山认为，专业出版社开展知识服务的外生动力，主要来源于政府的牵引力、市场竞争的挤压力、产业化发展的拉动力、资金的导向力、技术和标准的推动力五大合力。专业出版社知识服务外生动力各要素的相互作用刺激专业出版社各子系统和资源要素产生响应，形成外力作用生成机制。专业出版社应通过健全激励机制、开拓品牌市场、延伸信息触角、以创新为突破口发挥外生动力推动作用，形成专业出版知识服务的系统合力，推动专业出版社知识服务的快速持续发展。[③] 邓祯认为，新媒介技术催生了更多参与价值共创的新型二次元用户群体，受众参与、用户生产成为我国二次元出版企业价值创造的新的引爆点。用户参与价值共创为出版企业带来了整合用户资源、增强用户黏性、孵化二次元IP的发展机遇，出版企业应顺势而为，将用户转化为创意生产者

[①] 韩丽，初景利. 国际知名出版机构知识服务特征、价值和启示［J］. 出版发行研究，2018（2）：5－9.

[②] 王钰. 用户视角下的教育出版知识服务场景分析［J］. 出版发行研究，2020（11）：44－49.

[③] 李广宇，周庆山. 专业出版社知识服务外生动力要素构成及作用机制研究［J］. 出版发行研究，2020（6）：46－50.

与生产性消费者,使之参与到生产环节与消费环节的价值共创之中。同时,通过用户关系的维护和体验创造,推动用户在生产与消费两端持续"赋能",推动出版企业转型升级。①

学界关于出版融合的重要关联因素研究,涉及内容生产建设、技术行业应用、营销销售传播、生产流程再造、用户关系定位等不同关联因素。每一个因素中又关联出版融合的产品形态、知识服务、平台建设、场景塑造、全媒传播等多个关键支点,成为推进出版融合发展的直接关联因素。

推进出版融合是一项战略任务,推动出版深度融合有许多主要任务需要攻坚完成。除上述研究领域外,学者们对关于加强国家层面的政策支持,关于数字出版人才、全媒体人才的培养,关于通过创新体制机制激发内在活力,关于组织实施经营管理,关于充分发挥市场机制的作用等方面,也进行了深入的研究。这些方面作为促进出版融合的必要条件,是形成出版发展新格局、高质量的有效保障。不同学者的思考探究为推动出版深度融合发展提供了坚实有力的理论引领和实践支撑。

---

① 邓祯. 用户参与价值共创下我国二次元出版企业的机遇与策略选择[J]. 中国编辑,2020(9):33-37.

第二章　出版融合发展的基本态势

如果说,"十一五"时期是我国数字出版的起步期,"十二五"时期是成长期,"十三五"时期是持续推进期的话,那么,进入"十四五"时期,数字出版将进入产业更为壮大、更为成熟的高质量发展期。当前,我国出版融合进入纵深发展阶段,出版内容的数字化呈现形式更加多样,内容资源整合的强度不断加大,专业知识服务平台的建设日益壮大,重点数字出版项目的引领作用更加突出,出版融合的旗舰单位与特色单位的带动效果更具示范意义,促进出版融合发展的政策支持、技术支撑机制保障更加完善,出版融合呈现向好、向上、向深的发展态势。与此同时,数字出版领域具有国际领先甚至占据国内主导地位的出版"龙头"企业数量偏少,数字内容生产的精品化、专业化水平不高,内容生产传播一体化的优势尚未凸显,加上技术制约、资金受限、人才缺乏引发的短板效应等,使得出版融合的系统深入推进受到一些制约。"十四五"期间,出版业要全面迎接数字时代的挑战,通过激发数据、技术等要素潜能,大力推进出版强国建设,以传统出版的全方位、全维度数字化转型推动出版业生产方式的创新性变革,催生出版融合的新产业、新形态、新模式。

第一节 当前出版融合发展的阶段性特点

系统推进出版深度融合发展,要紧紧把握高质量这个关键。而高质量的出版融合发展,需要坚持把社会效益放在首位,实现社会效益和经济效益相统一,确保出版深度融合发展始终沿着正确方向前进;需要大力推进出版供给侧结构性改革,优化出版融合发展内容结构;需要努力实现集约式、优质化、内涵式、差异化的发展,保持出版融合发展的规模效应;需要保持合理增速,持续稳健增长,不断推动出版融合发展再上台阶;需要抓住利润增长指标,努力实现营业收入与利润的双维正向增长;需要坚持安全为要,用主流价值导向驾驭技术,加快构建数字内容安全风控体系,筑牢出版融合发展安全底线。从而,走出一条以质量、结构、规模、速度、效益、安全相统一的出版融合高质量发展之路。

当前,出版业所面临的宏观产业环境、出版企业所提供的知识服务水平、所进行的融合发展路径探索、所构建的融合传播体系等,呈现出鲜明的阶段性特点,取得了较为可喜的成就,由此为推进出版深度融合奠定了良好的基础优势与发展优势。

第二章　出版融合发展的基本态势

一、宏观产业环境持续向好

2020年10月29日，中国共产党第十九届中央委员会第五次全体会议通过《中共中央关于制定国民经济和社会发展第十四个五年规划和二〇三五年远景目标的建议》（本章以下简称《建议》）。《建议》提出，繁荣发展文化事业和文化产业，提高国家文化软实力，推进社会主义文化强国建设。在"提升公共文化服务水平方面"提出："全面繁荣新闻出版、广播影视、文学艺术、哲学社会科学事业。"[①] 在"健全现代文化产业体系"方面提出："实施文化产业数字化战略，加快发展新型文化企业、文化业态、文化消费模式。"[②] 根据《建议》编制的《中华人民共和国国民经济和社会发展第十四个五年规划和2035年远景目标纲要》（本章以下简称《纲要》），在第十篇《发展社会主义先进文化　提升国家文化软实力》中，明确了推进文化强国建设的工作重点。在《扩大优质文化产品供给》一节提出："实施文化产业数字化战略，加快发展新型文化企业、文化业态、文化消费模式，壮大数字创意、网络视听、数

[①] 中共中央关于制定国民经济和社会发展第十四个五年规划和二〇三五年远景目标的建议［M］. 北京：人民出版社，2020：26.

[②] 中共中央关于制定国民经济和社会发展第十四个五年规划和二〇三五年远景目标的建议［M］. 北京：人民出版社，2020：27.

字出版、数字娱乐、线上演播等产业。"① 数字出版成为优质文化产品供给的重要一环。在专栏 13 "社会主义文化繁荣发展工程"中，专项提出"实施出版融合发展工程"。

习近平关于媒体融合（融合发展）的系列重要讲话、近年国家层面出台关于融合发展的多个指导意见与规范性文件和《纲要》对发展社会主义先进文化、提升国际文化软实力的战略部署安排和重点任务明确，表明数字出版发展的宏观政策支持与产业生态环境持续向好，数字出版融入加快数字化发展、建设数字中国的国家宏观战略布局。

按照《纲要》的总体部署，出版融合发展工程作为社会主义文化繁荣发展工程系列中的子工程，成为坚定文化自信、担当出版使命任务的重要实施抓手。2021 年 5 月，国家新闻出版署首次启动组织实施出版融合发展工程。此工程在延续 2019 年、2020 年数字出版精品遴选计划基础上，增设了出版融合发展示范单位遴选推荐计划，通过在重点领域和关键环节的示范样本带动，引导出版业大力实施数字化战略，系统性推进融合发展，实现传统出版与新兴出版深度融合，巩固壮大网上出版主阵地，促进满足人民文化需求和增强人民精神力量相统一，在推进社会主义文化强国、出版强国建设方面发挥更加积极重要的作用，贡献新的更大力量。

---

① 中华人民共和国国民经济和社会发展第十四个五年规划和 2035 年远景目标纲要［N］. 光明日报，2021－3－13.

第二章 出版融合发展的基本态势

2022年3月,《国家新闻出版署关于组织实施2022年度出版融合发展工程的通知》下发。根据本《通知》具体安排,2022年度出版融合发展工程优先启动实施两个子计划。一是数字出版优质平台遴选推荐计划,重点遴选推荐一批方向导向正确、优质内容集聚、技术应用领先、资源储备丰厚、两个效益统一的数字出版平台项目。二是出版融合发展优秀人才遴选培养计划,重点遴选培养一批思想政治素质过硬、创新创造能力突出、引领发展表现出色的出版融合发展复合型人才。《通知》还提出,上述两个子计划与数字出版精品遴选推荐计划、出版融合发展示范单位遴选推荐计划共同构建出版融合发展工程项目矩阵。四个子计划各有侧重,坚持有统筹、有重点、有节奏,每年开展两个子计划遴选工作,同步推荐展示四个子计划相关成果,确保出版融合发展工程入选项目质量,充分发挥引领示范作用,推动出版业提升融合发展的整体能力和水平。

"十四五"时期,推进网络强国建设,加快建设数字经济、数字社会、数字政府,以数字化转型整体驱动生产方式、生活方式和治理方式变革,是国家层面加快数字化发展、建设数字中国的重大战略安排。2021年4月,中国信息通信研究院发布的《中国数字经济发展白皮书》显示,2020年,我国数字经济在逆势中保持蓬勃发展态势,规模达到39.2万亿元,较2019

年增加3.3万亿元,占 GDP 比重为38.6%,同比提升2.4个百分点。① 中国互联网信息中心2021年8月发布的《第49次中国互联网络发展状况统计报告》显示,截至2021年12月,我国网民规模达到10.32亿人,较2020年12月增长4296万人,互联网普及率达73.0%,较2020年12月提升2.6个百分点。② 我国网络能力持续提升。2021年,我国信息基础设施持续优化,供给能力显著增强,已建成全球规模最大的光纤和移动宽带网络,光纤化改造全面完成,5G 网络加快发展,截至2021年底,已累计建成5G 基站142.5万个,5G 移动电话用户达到3.55亿户;持续深入推进网络提速提质,提升 IPv6 端到端贯通能力,推进移动物联网全面发展。③

2022年4月23日,首届全民阅读大会数字阅读分论坛暨第八届数字阅读年会在京召开,会上发布的《2021年度中国数字阅读报告》显示,截至2021年,我国数字阅读行业整体营收规模达415.7亿元,整体增幅18.23%,其中大众阅读302.5亿元,专业阅读27.7亿元,有声阅读85.5亿元,大众阅读市场规模占比逾七成,是产业发展的主导力量。在主题阅读作品方面,2021年重点主题阅读类作品数量97932种,其中"新时代

---

① http://www.caict.ac.cn/kxyj/qwfb/bps/202104/P020210424737615413306.pdf.

② http://www.cnnic.cn/hlwfzyj/hlwxzbg/hlwtjbg/202202/P020220318335949959545.pdf.

③ http://www.cnnic.cn/hlwfzyj/hlwxzbg/hlwtjbg/202202/P020220318335949959545.pdf.

新经典——学习习近平新时代中国特色社会主义思想重点数字图书专栏"上线重点数字读物220种,持续推动形成网上学习习近平新时代中国特色社会主义思想热潮。用户方面,2021年我国数字阅读用户规模为5.06亿,相比2020年增长2.49%。人均电子书阅读量11.58本,有声阅读7.08本,成熟的付费习惯基本养成。此外,54.32%的用户对数字阅读产品表示满意。"出海"方面,2021年我国数字阅读"出海"作品总量在40万以上,呈现多地区、多语种、多题材、多类型、多模式的发展态势。①

数字经济的逆势上扬、5G网络的高能连接、网民规模的持续增长、数字阅读的用户增量都积极向好,这为融合出版奠定了良好的社会基础。

国家层面,《纲要》关于网络强国、数字中国建设的战略部署,社会主义文化繁荣发展工程的顶层设计,出版融合发展工程的落地实施,《出版业"十四五"时期发展规划》对壮大数字出版产业的重点部署,中宣部印发的《关于推动出版深度融合发展的实施意见》的总体思路等,数字阅读的良好增长与旺盛需求,加上5G、人工智能、物联网、AR/VR等技术在产业领域的商用应用日益普及等多种因素形成的合力,使得数字出版与出版融合的宏观产业环境持续向好,数字出版向着数智

---

① 孙海悦,张君成.以数字化手段创新全民阅读工作[N].中国新闻出版广电报,2022-04-26.

化的方向加速迈进，出版业正在打造数字时代的智慧出版新业态之路上铿然前行。

二、知识服务水平得以提升

知识付费在近五年来快速发展。一些主打知识付费平台的头部企业，如喜马拉雅、得到等，以音频产品为传播知识服务的主要形态，适应了用户新消费的理念，使听不但成为一种生活方式，更成为获取知识、信息的一种学习方式。以喜马拉雅为例，根据其招股书显示，2018年到2020年，喜马拉雅的营收分别为人民币14.8亿元、人民币26.8亿元和人民币40.5亿元，2019年比2018年增长81.08%，2020年比2019年增长51.12%，营业收入增长迅速。公司营收来源包括付费订阅、广告、直播、教育服务以及其他创新产品和服务。其中，付费订阅服务是喜马拉雅的基本盘，在2020年贡献了超过17亿元的收入，占比达到43.3%。作为深受用户喜爱的在线音频平台，喜马拉雅的高质量内容持续供给，铸造了头部音频内容平台和黏吸用户的在线音频服务的巨大能量吸引力。专业内容生产者（Professionally-generated Content，简称PGC）、专业用户内容生产者（Professional User Generated Content，简称PUGC）、用户生产者（User-generated Content，简称UGC）组成了平台内容供给输出的金字塔结构。2020年，喜马拉雅活跃的内容创作者达到520万人。2020年，喜马拉雅向超过16.1万内容创作者和IP

合作伙伴分享了接近13亿元的收入分成，同比增长43.9%。截至2021年第一季度，喜马拉雅有2.50亿的全场景月活跃用户，其中移动端付费用户达到1390万人，付费率达13.3%；平台上已经累积了包含100个品类的2.8亿条音频内容，音频内容总时长超过了20亿分钟，可以供一个人不重复收听超过3900年。

在2021年9月13日公司第一次递交招股书后，2022年3月29日，喜马拉雅在港交所更新招股书。"更新版招股书显示，2021年，喜马拉雅营收58.6亿元，同比增长43.7%；年内经调整亏损由2020年的5.39亿元扩大至7.59亿元；毛利率从2020年的49.1%提升至2021年的54.0%。"[1] 强竞争力立体化的内容生态构建、"全声态"模式下的多元渠道变现、致力于内容创作者和用户共同成长的同平台搭建使声音的魅力充分彰显，以声音分享智慧快乐，以声音获取知识信息，喜马拉雅"耳朵经济"的渗透率、触达率、价值率进入发展的快车道。

基于自身发展的特色优势，借鉴头部平台的成功经验，传统出版企业在开展知识服务方面同样进行了多元化的积极探索。中国出版集团在融合发展科学优化布局、重大数字项目落地方面成果显著，以平台建设和数据库建设为数字化重点方向，无论是在社会效益还是经济效益方面，都取得了可喜成绩。中国出版集团公司的数字化出版项目，多个获得第五届中国出版政府奖正奖和提名奖；集团数字化收入，从2012年的

---

[1] 钟国斌. 喜马拉雅更新上市招股书[N]. 深圳商报, 2022-03-30.

3.35亿元迅速提升至2020年的28.95亿元，数字化产品收入占集团整个营收比重达到了30%，成为中国出版传媒集团实现"两个效益"的重要支撑。成立于2017年10月，隶属建筑工业出版社的建知数字公司，以数字项目为基石，数字产品实现了多平台、多形态、多渠道的投放发布与良好收益，数字产品销售收入由2017年的685万元上升到2020年的7371万元，数字产品收入已经成为建筑工业出版社出版业务的重要板块和主业的重要增长极。电子工业出版社的"悦"系列知识服务产品是依托社内优质数字内容资源开发建设的一系列数字内容产品的组合。产品系列由悦读、悦学、悦知、悦智四个产品板块组成。"悦读"为电子书在线阅读系统，包含2万余种电子书，同时依托用户大数据分析技术，为用户进行热点推荐，不断提升用户阅读体验。"悦学"为多媒体教学资源库系统重点打造的一批精品课程资源，整合了知识条目、教案、课件、视频、动画、实验、音频、图片、案例等资源类型，内容类型丰富，资源文件清晰，方便课程资源检索，教与学互动性强，很好地提升了在线学习效率。"悦知"（E知元）为电子技术类知识库系统，包含电子技术领域4000余项标准、3万余篇论文、600多个典型电路设计包等多类型内容资源，通过知识体系构建、知识组织梳理和知识化加工，对相关知识点和资源进行分类标引工作，最终以知识元为单元将多种类型的数字资源进行知识关联组织，以知识地图、知识束等图形化方式展现知识元与知识元之间、知识元与各种资源之间、各种资源之间的关联关系。同时，以文中热词关联的方式展示资源相关知识元。"悦智"为智能制造知识服务系统，以垂直领域为切入点，以深度知识服务为主，采用众智模式，为用户提供在线知识问答等针对性知识服务。"悦"系列知识服务产品以专业化的内容供给、垂直领域的知识服务为270余家机构用户提供服务，取得了良好的品牌效应与市场效果，荣获第五届中国出版政府奖网络出版物提名奖。中国中医药出版社以构建知识服务体系助力数字化转型，其悦读中医知识服务平台已形成悦读中医名家讲堂、中医数字图书馆、悦读中医融创、悦医家移动书馆、悦读中医书吧等基于不同端口、多元场景的数字悦读与知识获取平台，2020年获得融合发展初步收入1600多万元。知识服务水平的不断提升带来了出版企业营业收入水平的提升。

三、融合发展路径逐渐明晰

在探索融合发展的过程中，传统出版企业在新兴数字出版产品打造、原创数字内容出版、新兴技术行业应用、数字平台建设服务等方面不断创新，探索路径渐趋清晰，"两个效益"逐渐凸显。

积极培育出版新业态，出版物呈现形态日趋多样。除了电子书、互联网期刊、数字报纸之外，数据库、APP、音频、视频等新兴数字产品不断涌现。中国大百科全书电子音像社的中国军事百科全书数据库、山西春秋电子音像社的烽火中坚——

八路军抗战将领数据库、中国数字文化集团有限公司的中国连环画数据库、人民出版社的党员教育数据库等不同类型的数据库，以电子图书、图片表格、音频视频、问答试题等为基本形态，运用知识图谱、人工智能、大数据分析等技术手段，既实现了传统纸质出版物的跨越延展与增值服务，又为用户提供了多维度、多样态的知识服务。商务印书馆的《现代汉语词典（第7版）》APP、华夏出版社的国家通用手语词典APP、中国民主法制出版社的民法通APP、华韵文化科技有限公司推出的华韵APP等一批基于移动端的网络信息知识服务APP，实现了传统出版的数字化，使得内容的分发更加便捷灵活，服务场景更为多元匹配，合法合规收集用户画像更为便捷准确，为后续数字内容资源的开发积累了用户信息和市场信息。学习出版社的《习近平新时代中国特色社会主义思想学习纲要》有声书和《党的十九届五中全会〈建议〉学习辅导百问》、中国出版集团数字传媒有限公司的"百年·百部"纪念中国共产党成立100周年系列有声读物等形成了多样化的数字产品形态格局。

新兴技术推广与产业应用进度加快。《VR〈永乐大典〉序篇——〈旷世宏编　文献大成〉》利用5G+VR技术，采用全景视频拍摄、三维动画制作等技术手段，对国家图书馆藏的160多册《永乐大典》影印本扫描书影，初步实现线上渠道翻看《永乐大典》书影，使得历史典籍中的文字在现代重新活了起来，为中华优秀传统文化的创造性转化、创新性发展提供了内容表现与价值实现的新路径。互联网、移动互联网、物联网、区块链、机器人等新技术在出版业找到了行业契合点与良好适用性,传统出版通过技术赋能,建立起计算、交互、连接的数字出版思维,向着多媒体、融媒体数字内容的网络化、融合化演进,出版的数字化、智能化水平不断得到提高。

平台建设和产品服务富有成效。广西期刊出版传媒集团的"小书童"在线有声阅读平台、安徽科学技术出版社的基于老年群体的移动音频智慧服务平台——乐龄听书等,注重有声内容的开发生产,声音经济带动融合发展收入增长迅速。人民交通出版社的交通教育融合出版服务平台、贵州数字出版公司的红色记忆·贵州红文化公共服务平台、人民音乐出版社的"美育音乐基础课程"数字出版和教育融合平台、高等教育出版社的数字出版云平台等,接续发布更新数字内容,通过在线课程、在线阅读、多媒体数据资源投放等服务形式,持续提升平台阅读、学习、搜索、检索、咨询、需求分析等服务功能,平台智能化、数字化的功能较为强大,交互性、社交性属性不断增强。

优秀原创网络文学《传国工匠》《长干里》《情暖三坊七巷》等好作品不断破圈出圈,进一步凸显了精品出版、原创出版线上内容生产水平的大幅提升,更好地满足了人民高质量的数字阅读文化需求,增强了凝神聚魂的强大精神力量。

四、融合传播体系构建不断完善

出版的使命是化人育人。注重出版的社会效果,自觉讲品位、讲格调、讲责任,弘扬主旋律,传播正能量,振奋精气神,是我国出版业以社会主义核心价值观为引领的重要体现。实现出版的良好社会效果,就需要注重出版的传播体系构建。当前,互联网已经成为出版传播的主阵地,移动端已经大批量地吸引了用户的注意力。为使自身积累、研发的精品内容更好地顺应人民群众对美好精神文化生活的新期待,满足用户对更加丰富、更加优质的出版产品和服务的需求,作为传媒阵营的重要一员,传统出版企业通过多平台、多形态、多渠道的融合传播途径,主动探索网络平台最优传播的效益实现和体系构建,通过在线直播、社交媒体、数字阅读、有声阅读、新媒体平台等第三方网络平台与自有构建平台,扩大优质内容传播的效力和影响。积极构建自有新媒体发布矩阵,加大进行数字化宣传营销的力度强度,不断增强传统出版物与多媒体出版物的吸引力、感染力和影响力,努力实现线上线下的全渠道触达,大大提升了出版传播的效果,丰富了用户多维、立体、个性的阅读、场景和应用体验。

上海世纪出版集团的聚典数据开放平台于 2020 年 8 月正式上线。截至 2021 年 6 月,平台总调用次数超过 1.7 亿次,日调用次数达 42 万,总用户数超过 1060 万。人民文学出版社举办作家莫言获诺贝尔文学奖后的首部作品《晚熟的人》新书发布会，直播首秀150万人观看，直播开始5分钟后登上新浪微博热搜榜，使得新书发布不仅扩大了宣传效果，还成为一起新闻事件，图书的传播营销效果被高度放大，实现了线下新书发布不可能达到的效果。微信公众号"人民文学出版社"2021年上半年总阅读数290万次；加上视频号、快手号、抖音官方号等，形成了新媒体的传播矩阵。其组织的"回到文学现场 云游大家故居"直播，通过在老舍纪念馆、鲁迅博物馆、巴金故居、萧红故居、茅盾故居等进行现场直播，为相关主题类图书的宣传营销起到了很好的推动作用。中信书院以APP、微信公众号、微信小程序为载体，以优质出版内容为核心，倾力打造全场景覆盖的"纸、电、声、课、视频"五位一体的国内一流的互联网知识服务平台。截至2021年5月，平台总用户数达到650万，其中男性用户58.9%，年龄区间25－35岁的占54.3%，本科及以上学历的占65.9%，从事职业排在前三位的为电子网络、金融保险、行政高管。人民卫生出版社的"人卫健康"官方微信公众号用户数135万；人卫智网考试累计用户700多万，每年产生1000多万元的收入；人民卫生出版社学习强国号2700多万用户订阅。机械工业出版社以数字技术加上营销数字化，"机工新媒体矩阵"每年触达终端读者3亿人次，

"自建的抖音小店、拼多多店铺在 2020 年实现收入 3500 万元"①；机械工业出版社还将 VR/AR 等技术与实物、模型、机械原理相融合，促进了工业文化的传播。"从出版集团层面来看，上半年，39 家出版集团在 6 个平台上共有 1000 多个账号，发布了7.2万条内容，总点赞数 150 万，总阅读数/播放数为7000 多万。"② 新媒体在提升出版业品牌影响力、内容传播力与商业变现力等方面起到了良好的推动作用。

可以说，通过主动触网、入网、用网，出版企业积极拥抱互联网，宣传营销方式不断丰富，渠道路径日益多元，品牌影响日渐扩大，不仅通过数据收集分析，勾勒出较为精准的用户画像，而且借由网络传播平台传播优质内容的水平和能力大幅提升。出版进行真理传播、思想引领、文化传承、服务人民的功能得到了更好的实现，出版作为文化建设的重要力量的作用得到了更好的发挥。

---

① 陈海娟. 专业出版机构融合发展的探索与实践［N］. 出版商务周报，2021－10－31.
② 新榜. 出版业新媒体研究报告发布［N］. 出版商务周报，2021－10－31.

第二节　制约出版融合发展的瓶颈

当前,我国数字出版发展迅速,新型业态不断涌现。2020年,我国数字出版产业"整体收入规模超过万亿元,达到11781.67亿元,比上年增加19.23%"[①],实现逆势上扬态势。与快速发展的数字出版产业相对应,出版融合迈向纵深推进阶段。然而,新一代信息技术的冲击力已深层波及出版各个环节,由此使得出版生态、传播格局、分发方式等发生重大变化。面对前所未有的机遇与更为激烈的挑战,先期躬身入局进行数字出版实践的一些出版单位,在经历洗礼后探索出宝贵经验,成为我国出版行业融合出版的先行者,而另有部分出版单位对推动融合发展主观认知不足,紧跟时代潮流的步伐偏慢,适应出版业应用的创新技术尚未完全介入出版流程,原创优质精准服务用户的数字内容与产品储备不足等,使得融合产品销售价值实现率还较低,出版融合高质量发展面临着瓶颈制约。

[①] 张立,王飚,李广宇. 2020-2021中国数字出版产业年度报告[M]. 北京:中国书籍出版社,2021:18.

一、精品数字内容较为缺乏

出版企业数字内容一般有三个来源：原有积累纸质内容的数字化转换、新研发内容、外向集采合作内容。

原有积累优质内容资源的数字化是数字出版业务的基础工作，是数字化内容资源的重要源头，是多媒体出版产品的基本资源，也是推进融合发展的奠基工程。大多数出版企业基本完成对长期深耕细作领域的纸质出版物内容的数字化转换，在此基础上形成电子书、数据库等数字产品。一些出版集团和较为大型的单体社基于自身优势出版领域和专业的出版内容，并从原有积累转换的数字化产品中获得收益。另有部分出版企业尤其是中小型出版社，出版细分板块不太明晰，垂直内容深挖不足，品牌影响和经济基础不够强大，相对集中优质的内容资源较为稀缺，数字转换资源存在存储量小、分散、利用率不高等问题。

在原创新增数字内容开发方面，一些出版企业尚未打破传统编、印、发的常规流程，仍然依赖于传统出版物带来的可见效益，固守先纸质图书、后多媒体出版物的出版思维定式，对探索纸质、多媒体出版同步或复调的多线式、立体式出版不够积极主动。多形态产品的同步策划、基于数据挖掘研究的智能化策划、立足垂直领域的专业化策划、来自一流作者的高端策划等明显缺乏，使得原创新增数字内容的生产捉襟见肘。

在外向数字资源合作方面,由于前两个方面的影响,一些中小型出版企业在打通链接外部资源、实现与内部资源关联整合的力量上竞争力不够,难以与高端和专业的内容策划机构、民营优质数字内容研发生产公司等开展深度合作,共赢互利的局面难以有效形成。

较为薄弱的纸质优质内容数字化转换后的积淀资源基于专业领域的延续型数字产品开发不足,没有通过对外合作形成优势互补的数字产品低洼沉陷,造成优质数字产品与数字内容储备、开发不足的窘境,一些出版企业陷入弱者越弱的马太效应的不良循环。

做好出版存量资源的数字化转换、增量资源的数字化生产、对外合作的优质资源利用,是出版企业进行数字化转型升级和融合发展纵深推进的利基之业。因此,抓好数字精品内容建设对于传统出版企业转型为数字化出版企业至关重要。

二、技术融入出版环节程度不够

信息网络技术对出版业产生了革命性影响,技术赋予出版的创新动能正在重塑出版发展格局。系统推进出版深度融合发展,就要通过技术再造出版流程,在出版的各个环节融入信息通信新技术,大力推动出版数字化进程。在技术的产业化应用上,对于传统出版企业来说,首先是内容的数字化,因为内容是数字出版的核心,是融合出版的源头。运用 DRM(Digital

Right Mangement）技术和文档管理技术，进行纸质图书的数字化内容转换、制作与呈现，形成电子书，大多数出版单位已经跨过了数字出版的这一阶段。

随着数字出版的演进，全媒体交互出版物制作技术、跨终端发布技术、全媒体内容资源管理技术、结构化内容标引标注技术、基于 XML 数字化生产加工技术等对数字内容的多形态产品生产、存储与全媒体发布产生了重要影响。从技术层面看，这些技术的应用对内容的生产、存储、发布的支撑功能更强，同时也对出版企业的多媒体出版物生产、内容资源积聚管理等方面提出了更高的要求。不少出版企业对上述技术在数字内容生产与出版流程的融入上不够深入，技术的产业化价值尚未被充分应用与挖掘。

而在出版向智慧出版与知识服务的出版数字化迈进的更高阶段，云计算技术、区块链技术、人工智能技术、大数据技术、移动互联技术、5G 技术等将对推进出版产业的数字化进程起到关键支撑作用。通过技术赋能，扩大优质文化产品供给，出版企业将能够在现代文化产业体系和市场体系中更好实现社会效益和经济效益相统一。通过技术赋能的新兴出版业态、创新知识形态、知识产品消费新模式新体验等将成为出版数字化发展的重点。

目前，只有部分出版企业的数字化战略清晰明确，适合网络传播的数字出版内容供给较为充裕；另外一些出版企业通过技术研发、出版、挖掘出版内容价值的手段不够多样，运用网络新技术探索数字出版的有效模式不够丰富,创新研发知识生产、呈现、传播的途径不够立体。着力智慧出版,创新知识服务,以数字化转型驱动出版业生产方式创新变革,让数字出版成为出版业发展的新引擎和动力源,应该成为出版企业坚定不移的数字化战略发展方向。

三、传统出版企业数字出版收入亟须提升

2011－2020年我国传统出版企业数字出版收入和占比情况统计见表2－1、2－2:

表2－1　2011－2020年我国传统出版企业数字出版收入情况统计

单位:亿元

年份 类别	2011	2012	2013	2014	2015	2016	2017	2018	2019	2020
电子书	16.5 (电子图书7+电子阅读器9.5)	31	38	45	49	52	54	56	58	62
互联网期刊	9.34	10.83	12.15	14.3	15.85	17.5	20.1	21.38	23.08	24.53

续表

年份 类别	2011	2012	2013	2014	2015	2016	2017	2018	2019	2020
数字报纸	12(不含手机报)	15.9(不含手机报)	11.6(不含手机报)	10.5(不含手机报)	9.6(不含手机报)	9(不含手机报)	8.6(不含手机报)	8.3(不含手机报)	8(不含手机报)	7.5(不含手机报)
小计	37.84	57.73	61.75	69.8	74.45	78.5	82.7	85.68	89.08	94.03

注：上表所列数据基于传统出版企业10年来的数字化主营业务，不包括中国新闻出版研究院、互联网教育研究院等机构发布的数字出版范围内博客类应用、在线音乐、移动阅读、移动游戏、网络游戏、网络动漫、在线教育、互联网广告等其他行业数字出版收入。

表2－2　2010－2020年我国数字出版产业收入中传统出版企业数字出版收入占比情况统计

单位：亿元

年份 类别	2011	2012	2013	2014	2015	2016	2017	2018	2019	2020
传统出版企业数字出版收入	37.84	57.73	61.75	69.8	74.45	78.5	82.7	85.68	89.08	94.03
数字出版产业收入	1377.88	1935.49	2540.35	3387.7	4403.85	5720.85	7071.93	8330.78	9881.43	11787.67

续表

年份 类别	2011	2012	2013	2014	2015	2016	2017	2018	2019	2020
传统出版企业占比（%）	2.75	2.98	2.43	2.06	1.69	1.37	1.17	1.03	0.90	0.80

注：百分比通过四舍五入保留两位小数。

通过表2－1和表2－2的分析可以看出，我国传统出版企业虽然10年来收入规模不断扩大，呈现持续增长趋势，但相比于我国数字出版的整体产业收入规模，收入占比除了2012年比2011年提升0.23%之外，2013－2020年占比依次递减。到2020年，传统出版企业数字出版收入仅占我国数字出版整体收入的0.80%，呈现下降态势。需要加以注意的是，相较于互联网广告、移动出版、网络游戏等数字出版的主要收入板块，虽然传统出版的数字化收入规模不大，占比在下降，但传统出版企业的数字化之路绝不能因此而停滞不前。出版工作是党的宣传思想文化工作的重要组成部分，出版是巩固国家主流意识形态的主阵地，传统出版企业必须主动应对互联网信息技术对出版传媒领域带来的前所未有的变革与挑战，以互联网思维、数字化思维全力推动出版融合工作。

四、出版新业态领域的领军企业队伍不够壮大

新时代出版融合的深入推进需要有出版业的"龙头"企业、领军企业发挥主导地位与引领作用,带动出版行业数字出版的层级跃升。在传统出版领域,已经诞生了一批品牌知名度高、市场竞争力强的出版集团和独体社,长期积累的内容资源、作者资源、品牌资源、编辑资源等优势资源形成了企业在传统出版领域的领先优势。整体来看,传统出版企业在出版融合方面做出了一些可贵探索,但整体散、小、差的情况仍然存在,内容资源、品牌资源的独特传统优势尚未能转化为融合发展的竞争优势。由法国出版杂志《图书周刊》(Livres Hebdo)发起,由 RWCC 国际书业研究院实施研究并撰写的 2021 "全球出版 50 强排名"报告显示,中国有 4 家领先出版集团上榜,它们分别是凤凰出版传媒集团、中南出版传媒集团、中国出版传媒集团、中国科技出版传媒集团。其中,凤凰出版传媒集团进入排名前 10 位。①

国际出版巨头纷纷把数字化作为重塑自身战略地位的重要力量,专注科学、技术的专业出版集团更是以数字化变革推动集团公司主营业务变革。励讯集团旗下的爱思唯尔运用更加强大的数字技术,添加更丰富的数据集合,使得 Scopusc 成为全

---

① https://www.bookdao.com/article/427786/.

球最大的文献和引文数据库。在科学、技术和医疗数字产品与数字信息服务方面，爱思唯尔已成为全球一流的信息解决方案商、决策工具分析商和提供商。汤森路透基于在金融、法律、税收、会计等方面的内容优势，运用数字工具和数据分析等技术，为政府、企业、专业人士等机构和人员提供数字研究内容参考、信息分析服务、自动化直观化的工作流程产品及基于用户需求的解决方案等。

从营收水平看，在RWCC国际书业研究院实施研究并撰写的2021"全球出版50强排名"报告中，全球前10位的出版集团的收入总额2020年为284.33亿欧元。排名前10位的出版集团的收入总额超过了后40家的总额。位居50强前10强的榜单中，励讯、汤森路透、威科、斯普林格·自然和威利是专业出版商，这5家的总收入又占了前10名总收入的55%。在2020年的"全球出版50强排名"中，2019年度，来自数字化的收入分别占励讯营业收入的70%、占汤森路透的88%、占威科的89%，数字化带来的丰厚收入已经成为国际专业出版集团最主要的增长极。

国内出版企业，中南出版集团排名2020年"全球出版50强"第21位，2019年来自数字出版和媒体传播的业务收入为16亿元，占集团总收入的10%，占比较低。中国出版集团2020年数字化收入为28.95亿元，占整个集团营收的30%。

作为出版大国，我国出版产业的整体数字化程度不高，出版龙头企业数量单薄，盈利水平与国际出版业巨头相比还有不小差距。

数字时代，只有大力推动以数字化、智能化为基础的新兴数字出版高速增长、高质发展，才能赢得未来。国内居于领头羊地位的出版集团和大社名社，可以通过大力投资数字业务与数字技术，改善出版价值链流程，推出新型数字产品和服务，以提升数字化收入比重。要把传统资源优势转化为融合发展的竞争优势，赢得市场先机，取得显著效益，走出有效路径，以出版新业态领域的领军者、出版融合发展的先行者、数字阅读与知识服务的构筑者，带动行业数字出版整体水平跃升发展。出版企业尤其是国有数字出版企业，要增强前瞻意识和开拓意识，加快发展步伐，通过传统出版与先进技术有效对接，优势互补，做到人无我有、人有我强、人强我优，占得融合发展先机，引领融合发展趋势。同时，可以借助资本市场优势作用，扩大规模，争取份额，形成区域性、全国性乃至全球性的强势骨干数字出版企业。

五、融合复合型人才较为缺乏

人才是事业发展的核心竞争力。一支高素质的出版融合复合型人才，不仅是数字出版新兴业务布局的基础需要，是创造出版新业态、新模式的基本支撑，更是进行文化创新创造、担当出版使命的必然要求。数字人才缺乏已经成为制约出版单位数字化转型升级的突出短板。当前，我国出版队伍尤其是数字出版人才队伍存在结构不够合理、高端专业人才稀缺、应用型复合型人才贫乏、创新人才活力不足等问题。

根据对某出版集团的调研，2021年，集团所属10家出版社，以主要从事社内数字出版工作的数媒部（或"数字出版技术创新部"）为例，主要工作职责为企业信息化建设，数字产品采编、加工、整理、数字版权确权，数字产品运营、电子书运营销售，软件与系统开发，数字与数据库加工，平台建设与运营等。数媒部还要承担日常官网维护、电脑与网络维修等常规性网络安全与信息化服务工作。集团所属出版社数媒部计有从业人员不到60名，约占集团公司编辑的10%。其中，具有高级任职资格（含编审、副编审、高级网络工程师）的占编辑人数比例约1%，从事技术研发（以所学专业为计算机科学与应用、计算机及应用、软件工程、网络工程等进行统计）的20人，占比约为3.5%。从年龄层次看，35岁（含）以下的21人，约占编辑人数的3.6%。

上述列举的某出版集团数媒部的人员多是从出版社原有编辑、营销岗位转属而来。从人才队伍年龄结构看，青年人才基础薄弱，后备力量储备不足。从专业背景看，熟悉数字出版，能够进行新形态数字产品策划研发、制作生产、市场运营的专业化数字出版人才更是缺乏，复合型、专家型的数字出版高端人才基本没有。从技术应用看，对推动出版业发生重大变革的大数据技术、5G技术等，在行业的应用上，深度掌握与熟练应用不够。从岗位设置看，关键岗位的中青年优秀人才作为推进出版融合的中坚力量,大多还局限于传统纸质出版物的策划出版;能够从数字化的源头出发,站在融合出版角度,把一个内容的多种创意、研发的多形态产品、传播的多渠道投送结合起来的人才亟须补充。

虽然上述列举调研的出版集团仅为个案,不具有广泛的代表性,但仍能从一个细小的侧面反映出出版行业数字出版人才现状的某些特征。拥有数字化的专业素养,具备扎实的出版专业知识背景,培养数字内容策划、数字编辑加工、产品推广运营、懂经营会管理的"又红又专""一专多能"的高端复合型人才,将会为打造数字出版新优势、推动出版融合新发展夯实坚固的人才支撑。

在持续推进出版融合向纵深发展的过程中,要把发挥根本作用的优质内容建设、重要支撑功能的新兴信息技术、引领行业发展的领军主导企业、作为核心资源的人才队伍培养等作为主要目标任务。在此基础上,进一步完善以优质内容为核心的版权运营产业链延伸长尾效应,以重大出版融合工程、重要数字出版项目带动为抓手提升示范项目、精品工程的带动引领效应,以政策支撑、制度建设、标准体系为基本组织构成的产业保障效应等,形成推动数字出版的整体合力,在重点出版专业领域、重要出版流程环节、新型传播方式手段等方面实现突破,更加提升出版作为宣传思想文化主阵地的作用发挥,更好满足人民群众对数字出版、数字阅读、数字生活的新憧憬、新期待、新需求。

第三章　出版融合发展典型案例分析

信息网络技术对出版业带来革命性影响，使得传统出版形式发生剧烈变革，出版格局出现再生重塑，出版业态呈现更加多元，出版深度融合发展既成为出版高质量发展的战略需求，也成为建设出版强国的紧迫任务。为走出一条融合发展的新路，出版企业基于自身优势，进行了主动、积极、多元的探索，涌现出了一批数字出版与融合发展特色突出的出版企业与精品项目。出版企业中既有单体社个性化的创新实践，也有出版集团数字化转型的深入探索。在数字项目建设中，则涉及主题出版、教育出版、大众出版、专业与学术出版、少儿出版等领域，运用了5G、大数据、VR虚拟现实等技术，呈现出电子书、数据库、有声读物、融媒体出版物、移动客户端APP、数字出版平台、知识服务平台等多种出版形态，在出版创新、技术运用及两个效益实现方面积累了宝贵的经验，做出了有益的探索，具有行业性的启示借鉴与开拓创新意义。

第一节　独体社的出版融合探索

面对数字出版的发展浪潮,无论是出版集团还是独立于集团之外的独体社,在传统出版向数字出版转变的时代变革中都不能置身事外。迫于外在变革的压力与内在发展的动力,出版企业的融合发展迈步必须坚定不移,发展速度必须迎头追击。相对于出版集团,独体社既有"势单力薄"的劣势,又有"船小好调头"的灵活性优势。在资源、实力等相对薄弱的情况下,独体社清醒认识自身的基础条件和优劣长短,不甘落后、勇于实践,在思考和探索出版融合发展的路径上取得了可喜成果与良好收获。

一、独体社推进出版融合的基础条件与特有优势

纵观世界出版史,传播媒介的变化是决定出版形态发展的重要因素。1800多年前纸张取代竹简,极大地促进了出版业的发展,是出版史上的一次重大革命。20世纪90年代末,由互联网发展引发的数字化技术开始渗透出版业,"无纸化"阅读日渐成为潮流。这一当今出版史上传播媒介的重大革新催生了数字出版这一全新的出版业态。

相较于西方而言，受资金、技术等因素的限制，国内数字出版起步相对较晚。近年来，面对新技术在文化领域的快速应用落地，传统文化产业的数字化步伐大大加快，数字出版、媒体融合成为国家推进新闻出版业高质量发展的重要发展战略和重要发展方向。根据中国新闻出版研究院发布的《2011－2012中国数字出版产业年度报告》，2011年中国国内数字出版产业整体收入为1377.88亿元。① 2020年，中国数字出版产业整体收入规模达到11781.67亿元②，十年来增长迅速。"十二五"时期年增长率达到30%以上，进入"十三五"时期，随着数字出版收入规模的逐渐增大，近年的整体收入增长仍保持在16%以上。另根据国家新闻出版署2021年12月发布的《2020年新闻出版产业分析报告》，2020年，我国上海、杭州、重庆、湖南、天津、湖北、广东、陕西、江苏、安徽、福建"11家数字出版基地（园区）共实现营业收入1951.5亿元，超过100亿元的6家"③。数字出版产业整体收入规模与数字出版基地（园区）营业收入呈现出向好、向上的发展态势。

目前，一些中小型独体社的发展数字出版的重点还是集中在建立数字出版小平台和既有内容数字化两方面，存在发展层

---

① 李苑.《2011－2012中国数字出版产业年度报告》发布［N］.光明日报，2012－07－20.
② 张立，王飚，李广宇.2020－2021中国数字出版产业年度报告［M］.北京：中国书籍出版社，2021：18.
③ https://www.nppa.gov.cn/nppa/upload/files/2021/12/910c52660b947756.pdf.

次水平较低、收入比重不高等亟待解决的问题，与国际数字出版发展的强劲势头和我国"十四五"时期出版业高质量发展的要求相比，存在较大差距。但是，积极推进数字出版加快发展，通过出版融合的系统深入推进实现出版业的跨越式发展，对于服务于国家出版业数字化发展战略、提升独体社的核心竞争力都具有举足轻重的重要意义。

首先，始终坚持正确的政治方向是独体社发展数字出版的基本原则。综观出版史，将社会效益放在首位，注重出版的文化积累、继承、传播与创新功能，同时注重经济效益的，往往造就一批成功的出版社和出版家。因此，对于快速发展中的数字出版来讲，多出好的、优质的，不出不良的、劣质的数字读物，始终坚持数字出版产品正确的政治方向、舆论导向、价值取向，无论是出版集团还是独体社，都是必须贯彻的重要原则。

其次，科学的发展定位是独体社发展数字出版的有效引领。从内容建设看，优质、高端、专业的内容是出版企业推进出版融合最重要的根基。出版融合的源头在内容，越是致力于专业领域、垂直领域与细分领域的精耕细作，就越能在发挥传统出版效能的基础上，获取传统出版数字化转型带来的收益，越能推动出版融合向着更深层次迈进。

从产业层面看，企业可以通过基于内部的裂变创新，加强与外部的优质合作，在关联出版的核心技术、重要技术研发创新能力上加大投入；在数字硬件产品的更新换代上加快步伐；

在生产环节上，摒弃代工、仿制、拼凑、拼成本的低效率的模式，建立高效、快捷、先进、智能的生产模式。从管理层面看，要尽快建立健全适应数字出版发展要求的管理体制机制，以弥补现有的相关机制的束缚与制约。

在推进出版融合的征程中，如果说出版传媒集团是行业发展中的航空母舰，那么独体社则是乘风破浪前行的冲锋舟，其有着基于自身独特优势的基础条件。

（一）发挥着维护出版业态平衡的重要作用

根据国家新闻出版署发布的《2020年全国新闻出版业基本情况》，截至2020年年底，全国共有出版社586家（包括副牌社24家）。出版社主要出版图书、音像电子出版物，有的出版社具有多种出版物形态许可，大多数获得了网络出版服务许可证。自中国第一家出版集团——上海世纪出版集团于1999年2月成立以来，根据《2020年新闻出版产业分析报告》，截至2020年年底，全国共有经国家出版管理部门或省级出版管理部门批准的出版传媒集团123家，其中图书出版集团39家、报刊出版集团45家、发行集团28家、印刷集团11家。39家图书出版集团下属的出版社约占到全国总体出版社的43%，集团外的独体社（仅包含一家出版社的出版集团，归入独体社之列）同样是出版业不可或缺的重要力量。

在国外，独体社也发挥着重要的作用。到2008年，澳大利亚注册的出版公司有234家，中小规模的独立出版商占大多数,有的经营规模很是微小。① 这些中小出版社立足本土文化,秉承独立的出版理念与出版精神,在澳大利亚的出版业中显示出举足轻重的作用。在法国,实际注册的出版企业有7000多家,中小型的独体社占到80%以上。在日本,出版单位有3000多家,10人以下的小型独体社就有2000多家。即使在西方出版业,既有像励讯集团、汤森路透、培生、贝塔斯曼、威科等世界级的出版集团之外,也有相当一部分的独体社活跃在出版业。可见,无论在中国还是世界其他国家,独体社和独立出版商都是出版业的重要力量。

据开卷公司的数据统计,2011年全国零售市场所监控的图书动销品种中,集团社有463638种,占全国动销品种的40.65%。② 这一数据透露出的重要信息是:在动销品种上,独体社占到接近60%的市场份额,集团社的动销品种数量低于独体社近20%。这显示出独体社强大的生产能力。

再看销售码洋。2011年,集团社以40.65%动销品种赢得47.33%的销售码洋,独体社则占据了52.67%,独体社的表现可圈可点。因为,出版集团基本上集中了大多数的优势出版资源。仅以中国出版集团为例,旗下就有由人民文学出版社、商务印书馆、中华书局、中国大百科全书出版社、中国美术出版总社、人民音乐出版社、生活·读书·新知三联书店等一级、

---

① 任翔. 澳大利亚独立出版商的数字化策略 [J]. 出版广角, 2012, (5): 32-33.

② 李红强. 独体社的勇气 [J]. 出版广角, 2012, (5): 4.

二级出版社16家，还有新华书店总店、中国对外翻译有限公司、中国图书进出口（集团）总公司等公司，以及新华联合发行有限公司、中国出版传媒商报等。这一国家级的出版航母，在生产能力、动销品种、销售码洋方面对于提升集团社的市场份额起到重要的支撑。不过，即使面对出版集团的强力竞争，独体社的市场表现仍然抢眼。

实际上，无论在出版单位比例构成，还是在生产能力、动销品种、销售码洋方面，独体社都是不可小觑的一支力量。因此，在维护出版业的生态平衡方面，只有把出版集团劈风斩浪、勇往直前的规模战斗力与独体社单枪匹马、奋勇前进的冲锋手姿态有机统一起来，才能形成出版业百舸争流、齐头并进的发展局面。正是由于独体社在维护出版业态平衡中不可忽视的现实性力量，使其不仅在传统出版方面的优势得以继续保持，也为其在数字出版与融合发展方面打下了良好的基础。

（二）专业出版的品牌效应奠定了基础内容优势

强烈凸显的品牌效应、特色鲜明的出版方向、垂直领域的深耕不辍使得独体社推动出版融合具有明显的优势。日积月累形成的在选题策划、出版运作、营销方式等方面的厚重积淀已经凝聚为一股合力，使得相当一部分独体社尤其是专业出版社形成了自身的核心竞争力，树立了独有的品牌形象。

首先来看2010年出版单位全国图书零售市场码洋占有率（见表3-1、3-2）：

表3-1　部分出版集团图书零售市场码洋占有率（2010年）

排名	出版集团	码洋占有率（%）
1	中国出版集团	6.61
2	吉林出版集团	4.30
3	凤凰出版传媒集团有限公司	3.12
4	中国国际出版集团	2.71
5	上海世纪出版股份有限公司	2.19
6	北京出版集团	2.13

表3-2　部分出版社图书零售市场码洋占有率（2010年）

排名	出版社	码洋占有率（%）
1	机械工业出版社	2.07
2	商务印书馆	2.05
3	外语教学与研究出版社	1.84
4	人民邮电出版社	1.40
5	化学工业出版社	1.35
6	陕西人民教育出版社	1.33

注：有关数据引自北京开卷信息技术有限公司的《图书出版业2011年开卷数据统计》。

对比表3-1、3-2可以看出，机械工业出版社（本章以下简称"机工社"）码洋占有率为2.07%，与排名第六的北京出版集团2.13%的码洋占有率仅相差0.06个百分点。成立于1952年的机工社，以出版机械、电气、汽车、建筑、计算机、经营管理类图书为主，其中机械、电气、汽车、经营管理市场占有率排名第一，建筑类图书市场排名第二。专业化的出版领域、特色化的产品链条、高品质的品种塑造铸就了"机工社"鲜明的品牌形象。2002－2012年,"机工社"连续11年保持全国图书零售市场占有率综合排名第一。截至2021年底,"机工社"拥有机械分社、电子电工分社、建筑分社等16家分社,并有电气时代杂志社、现代制造杂志社等25种期刊。在数字出版方面,"机工社"主要围绕一体化的知识服务传播体系构建,大力促进资源融合、产品融合、业务融合、作者融合、用户融合,搭建了出版融合发展的多元生态。

再来看一下2021年北京开卷信息技术有限公司的图书零售市场数据统计。其具体情况见表3－3、3－4：

表3－3　部分出版集团图书零售市场码洋占有率（2020年）

排名	出版集团	码洋占有率（%）
1	中国出版集团	7.52
2	凤凰出版传媒集团有限公司	3.15
3	中文天地出版传媒集团股份有限公司	3.09
4	吉林出版集团	3.06
5	中南出版传媒集团股份有限公司	2.96
6	中国国际出版集团	2.9

表3－4　部分出版社图书零售市场码洋占有率（2020年）

排名	出版社	码洋占有率（%）
1	中信出版集团股份有限公司	2.74
2	世界图书出版有限公司	2.31
3	北京联合出版有限责任公司	2.3

续表

排名	出版社	码洋占有率（%）
4	人民教育出版社有限公司	1.79
5	教育科学出版社	1.46
6	外文出版社有限责任公司	1.44

2020年，在中国图书零售市场，排名第一的独体社——中信出版集团股份有限公司，以在经济与管理、学术文化、生活休闲等领域的深耕细作，码洋占有率仅比中国国际出版集团2.9%的码洋占有率低0.16个百分点。

2010年和2020年，图书零售市场码洋占有率统计，独体社的表现可圈可点。2020年中信出版集团股份有限公司2.74%的码洋占有率比2010年"机工社"2.07%的码洋占有率提高了0.67个百分点。不俗的领先出版优势、专业优势奠定了独体社在出版业市场的不凡地位和不俗格局，中国独体社对出版业的繁荣发展做出了重要贡献。

在德国，成立于1950年的苏尔坎普出版社可谓是德国最有影响力的人文科学出版社。黑塞、哈贝马斯、阿多诺、福柯、德里达这些在世界享有极高声望的学界泰斗的学术著作的出版都与苏尔坎普出版社有着不解之缘。此外，苏尔坎普出版社还拥有11位诺贝尔文学奖获奖作家的全部版权或德文版权，其出版的艾略特、萧伯纳、普鲁斯特、贝克特、罗兰·巴特、霍华德·菲利普等享誉世界作家的作品显示出该社在人文专业的精耕细作与不俗业绩。① 日本的独体社主妇之友社以家庭主妇为目标读者，图书出版涉及家庭厨艺、缝纫、理财、教育、育儿等女性专业教育与生活理念的多个方面，在销售额度与品牌影响上都有不俗表现。还有法国以文学出版为主攻方向的午夜出版社，英国以出版"哈利·波特"系列图书勃兴的布鲁姆斯伯里出版社，都以专业、精深的出版成为独体社中的佼佼者。

中外独体社坚守专业为上、内容为王的出版理念，以科学精准的出版定位、垂直细分的专业内容，充分发挥自身优势，走出了一条个性化、特色化的发展之路，在激烈的出版业市场竞争中赢得了一席之地，为推动数字出版奠定了专业优质的内容基础。

(三) 良好的决策机制便于迅速找到出版融合的突破口

高速的运作效率、敏捷的市场判断力、训练有素的专业队伍使独体社能够迅速找到发展数字出版的突破口。独体社拥有传统出版丰富的内容资源，拥有较强的市场把握能力，策划选题与市场的关联度高，尤其是高效的决策机制、顺畅的生产关系，使得独体社这个冲锋舟便于迅捷掉头、快速应对，积极开展切口小、定向准的数字出版业务，努力寻求与平台商、运营

---

① 何明星，李爽."小舢板"何以闯大洋［J］.出版广角，2012，(5)：34－40.

商、技术提供商开展多元化、立体化合作，实现出版融合的发展与突破。

2021年10月，国家新闻出版署公布出版融合发展工程2021年度入选项目和单位名单，8家出版融合旗舰单位中，人民出版社、人民卫生出版社、人民邮电出版社、人民教育出版社作为独体社入选，占比达50%，凸显了单体出版社在数字出版探索中取得的业绩与成果。

出版业的发展，一则取决于当时的社会经济、政治、文化发展之需要，一则取决于时代提供的技术条件，一则取决于对以往出版经验的继承。① 独体社优良的出版传统，专业、精深的出版内容，良好的品牌形象，高效率的运作方式，既为独体社做好传统出版提供了坚实的基础，又为独体社谋求传统出版转型升级、创新发展数字出版准备了不可多得的良好条件。从这个角度讲，独体社发展数字出版前景广阔，出版融合前途光明。

---

① 肖东发、周少川，等. 中国出版通史［M］. 北京：中国书籍出版社，2008.

二、独体社融合发展个案分析

〔个案一〕

平台出版的可贵探索
——以人民邮电出版社为例

成立于1953年10月的人民邮电出版社（本节以下简称"人邮社"）隶属中国工信出版传媒集团，是工业和信息化部主管的大型专业出版社，目前已发展成为集图书、期刊、音像电子及数字出版于一体的综合性出版大社。出版领域涵盖科技出版、教育出版、大众出版，年出版图书近万种。根据北京开卷信息技术有限公司中国图书零售市场观测数据，2020年，"人邮社"（含童趣出版公司）在国内图书零售市场的码洋占有率为1.44%，排名第7位，在全国图书零售市场的占有率名列前茅。

在出版企业大力推进数字化转型进程中，"人邮社"入选国家首批"数字出版转型示范单位"（2013年），所属集团中国工信出版传媒集团成为国家新闻出版署公布的出版融合发展重点实验室依托单位（2016年）。2021年5月，国家新闻出版署首次组织实施出版融合发展工程申报。本次申报在延续2019年、2020年度数字出版精品遴选推荐计划申报的基础上，新增了出版融合发展示范单位（分为出版融合旗舰单位、出版融合特色单位两类）。2021年10月评审结果公布，"人邮社"入选出版融合发展示范单位遴选推荐计划2021年度出版融合旗舰单位，为8家入选单位之一。

企业发展的数字化进程促进了社内数字出版项目的研发实施。近年来，"人邮社"积极推进出版融合发展，重点数字项目建设成果显著，年出版音像电子及网络出版物2000余种，整合优势资源建设了"异步社区""人邮学院""人邮教育""通信世界全媒体平台"等一系列融合发展项目。人邮学院慕课平台获得第四届（2017年）中国出版政府奖网络出版物提名奖。人邮融智知识服务平台在入围2019年度国家新闻出版署数字出版精品遴选推荐计划项目后，又获得第五届（2021年）中国出版政府奖。"人邮社"在数字化转型和数字出版项目建设方面的探索与实践对于出版企业加快出版融合发展具有良好的借鉴和启示意义。

"人邮社"有十余个出版门类，涉及信息技术、通信、工业技术、科普、经济管理、摄影、艺术、运动与休闲、心理学、少儿、大中专教材等领域，设置有信息分社、科普分社、体育分社、数艺分社、经营分社、职教分社、摄影分社等内容生产支撑部门。在注重传统纸质出版物策划出版的同时，各分社基于自身的内容优势，形成了线上知识服务平台。与上述7个分社一一对应的异步社区、科普天地、体育学院、数艺学院、经管纵横、职业技能、摄影天地等平台共同构成了人邮融智知识服务平台。社里还开发有教师学院、考试培训、围棋道场、智元法律课堂等其他数字产品,形成了直播、课程、音频、数字阅读等多种类型的产品形态,实现了图书与课程、用户与资源、线上与线下的融合融通,"人邮社"的数字转型升级基础牢固,特色突出,收益良好。

(一) 夯实专业内容出版的坚实根基

以数字艺术分社为例,分社主要为艺术设计从业者提供教育产品与学习服务,以数字艺术、设计理论与应用、互联网设计、设计手绘为主攻方向。针对三维设计市场中CINEMA4D软件的版本更新与市场需求,用Python语言重新编辑翻译了CINEMA4D的内核,策划出版了《CINEMA4DR20实用教程》(全彩版)、《CINEMA4DR20实践基础教程》等相关教程图书,迅速占据这一细分领域市场,取得良好市场反响。同时,针对教程推出在线阅读、教学视频、在线演示等服务,形成了图书、视频、课程一体化的产品形态,深化了服务的层次和水平,解决了用户的深层、多元、个性化学习需求。精耕细作的专业化出版,基于计算机图形、图像领域的教程类出版物的研发和出版,以此为基础对艺术传媒专业领域室内设计手绘细分市场的拓展,关联工业设计手绘、服装设计手绘、插画设计手绘细分市场的进入,使得数字艺术分社新拓展的设计理论和应用类细分市场品类为分社年贡献5000万元的销售码洋,涌现出一批畅销的头部产品。以数字艺术社插画细分领域为例,"从2019年的净发码洋看,《洛煌笈》《游戏动漫人体结构手绘技法》《线语集》三本头部产品占了全年此领域总净发码洋的55%"①。优质、创新、专业的内容对传统出版的提升拉动作用十分明显。出版融合的内容源头创新不断,为出版融合奠定了坚实厚重的内容再开发、再聚合、再复用、再延伸的强固基础。

(二) 加快技术基础建设的坚固支撑

出版具有鲜明的文化属性与产业属性,同时出版发展与技术有着密切的姻亲关系。重大技术在出版业的应用对推动文化传承创新、社会发展进步的巨大作用已为出版发展史所证明。在新兴信息技术、数字技术迅速发展的今天,技术对出版的革新已经渗透到了出版的全产业链条。离开了对新技术的敏锐感知,隔离于技术在出版业的产业化应用之外,游离于基于本企业实际以技术要素作用推动融合发展的路径探索等,在一定程度上都会阻碍推动出版企业数字化转型的进程。"人邮社"在加快技术应用上,建立基础层与业务层的连接,打通数字产品和出版服务的堵点;在出版社信息化流程再造、数据管理运营、知识服务平台建设方面进行了可贵探索。

充分应用信息技术,赋能纸质出版物。从最初为图书开发承载案例源文件和操作演示视频的教学光盘,到运用云存储和二维码技术,来获取视频关联图书的知识资源和教学资源,再

---

① 张丹阳,孟飞飞. 图书出版推陈出新与融合发展——以人民邮电出版社数字艺术分社出版创新为例 [J]. 新阅读, 2020 (7): 74.

至打造纸质图书—配书视频—在线课程的系列数字产品，技术对内容的深化提升作用不断加大，读者获取知识信息的途径手段更加多元，出版的内容生产业务越来越呈现多样性的变化。"人邮社""2018年实现新形态图书发货码洋1.2亿元，电子书和有声书业务也保持高速增长"①。"2020年，'人邮社'新形态图书的销售码洋突破3亿元"②。

强化知识平台建设，创新出版生态循环。"人邮社"通过多年的理念创新、资金投入、内容集聚、人才培养，通过顶层设计建设了人邮融智知识服务平台。在深度挖掘用户数据方面，图书附赠的视频、课程二维码使用用户，官方微信公众号、微博、头条号等新媒体矩阵凝聚用户，在线提供的数字培训课程付费用户等，形成了图书、PC端和移动端吸纳引流用户的多个端口，通过社内底层用户数据中心，打通了不同端口用户的分散信息，实现了用户数据的有效挖掘，在记录分析用户行为、勾勒描摹用户画像、了解用户使用需求、提供后续个性服务、创新选题策划与多形态数字产品开发等方面发挥了重要作用。截至"2019年6月，通过人邮融智，'人邮社'仅微信端积累和抓取的用户数据已达到112万人，文章累计阅读量

---

① 张立科. 构建全媒体出版格局的发展策略研究 [C]. 中国编辑学会. 分享七十年出版业荣光 共创新时代编辑界辉煌：中国编辑学会第20届年会获奖论文. 北京：人民出版社，2020：133.

② 张立科. 人邮社数字化发展路径的实践与思考 [N]. 出版商务周报，2022-01-23.

755万篇，平均日活用户超过2万人"①。"人邮社"通过生产多形态的数字产品向用户提供多样化的服务，"截至2020年，人邮社已实现数字业务收入超4000万元"②。

(三) 提升资源利用效率

在内容资源聚合方面，通过内容资源中心，打通了社内数字化与数据内容资源，对聚合资源进行元处理、资源画像与标引，不仅实现了社内资源的无障碍流通、分社之间的无成本调度，大大提升了数字内容资源的复用性、流动性，而且通过快速、清晰的资源标识，使得编辑开发建设垂直领域的传统产品与数字产品更加便捷直接，资源的复用方式与变现路径得以重新塑造。在编辑充分体会到数字资源复用带来的溢出效应与良好收益之后，反过来又促使编辑更加主动投入到优质数字资源的开发建设当中。

在产品迭代方面，通过融智孵化中心模块，利用深层挖掘用户数据、再启复用内容资源，根据直播、课程、富媒体、互动产品等产品的特点，揉碎重组、创新再造，进行功能组合与柔性组合，通过后台技术处理，快速生成垂直领域的数字产品。同时根据市场需求进行加快迭代频率，数字产品的开发成

---

① 李海涛，刘璇. 智媒时代知识服务平台建设探索——以人邮融智知识服务平台为例 [J]. 出版参考，2019（10）：46.
② 张立科. 人邮社数字化发展路径的实践与思考 [N]. 出版商务周报，2022－01－23.

本大大降低，生产周期大幅缩短。

全要素数据的立体化融通、用户数据的多方位分析、专业数字内容资源的快速异构复用、数字产品的快速组合迭代、用户和资源数据的可视化呈现、数据要素的激活价值成为人邮融智平台的突出亮点。平台为数据、内容、产品层面提供的技术支撑，编辑基于平台获益形成的对数字资源的原创—复用—再创新—再复用的良性循环与创新创造，数字产品成本控制与变现通道的易控易做，"人邮社"基本实现了从线下传统出版机构向线上知识服务机构的转变，打造了多样化的知识服务体系，形成了多媒体的数字出版良好生态。

（四）实施项目带动的差异化发展策略

当前，对于大多数传统出版机构而言，从纯粹数字化产品或在线服务中获得的收入，相比社内的整体销售收入和利润额度规模，所占比率较低，有些传统出版企业的数字出版收入基本可以忽略不计。投入大、周期长、建设慢、收益弱，既是出版人在推动融合发展中面临的挑战，又是必须要破解的难题。"人邮社"作为专业优质内容的生产者和优质版权资源拥有者，具有良好的内容基础、市场基础和读者基础。在数字项目建设过程中，针对内容特点、产品形式、用户需求采取了差异化的发展策略。围绕打造学术精品、服务科技发展定位，"人邮社"策划推出"助力量化深度融合出版工程"，确定了工业智能新技术、工业与互联网融合创新、管理新思维三个子方向，推出了一系列行业影响力和社会影响力较高的图书，制作了一批数字资源，项目推进和工程建设取得良好效果。基于人邮融智平台的智元法律课堂，旨在打造法律垂直领域在线知识服务平台，主要服务律师、法务等专业的法律工作者。2017年项目启动，资金10万元，团队成员3人，2018年全年实现收入350万元，实现盈利80万元，显示出良好的市场成长性。社里尊重市场选择，激活团队效能，对此项目予以积极扶持。针对人邮学院、微课云课堂资源，则采取二维码实现与纸质书的连接，通过适当提高图书定价，实现了数字内容的价值，赢得了市场的认可，达到了推动传统出版物销售数量高速增长与数字收益的有机统一。正如"人邮社"总编辑张立科所言："出版社以分头探索、项目带动为主的方式推进融合出版，依托项目培养了一批复合型出版人才，锤炼队伍的同时也涌现了一些可持续发展的项目。"① 不同项目的多元探索，与各分社的专业出版内容紧密关联，在坚定持续探索数字化转型方面，项目团队自有新招，各有收获。正是采取这样的发展路径，"人邮社"通过顶层设计，以十余个在线知识服务子平台为基础，推动了出版融合的纵深发展。

"人邮社"把融合发展作为高质量发展的重要路径之一，使得其数字出版转型升级起步早，一批特色鲜明、优势比较突

---

① 张立科. 构建全媒体出版格局的发展策略研究［C］. 中国编辑学会. 分享七十年出版业荣光　共创新时代编辑界辉煌：中国编辑学会第20届年会获奖论文. 北京：人民出版社，2020：135.

出的数字项目不仅取得了良好的社会效益，获得了国家、行业层面的广泛认可，也经受了市场的检验，获得了良好的经济效益，实现了两个效益的有机统一。

除此之外，"人邮社"通过做好中长期发展规划研究制定，持续优化专业化、系列化领域布局；通过加强"精品出版工程项目库"建设，推动精品出版的策划发掘、孵化培育、出版创新；通过加强质量保障体系建设，筑牢高质量发展的重要基石；通过加强编辑队伍建设，提升推动融合发展的动力支撑。"人邮社"的出版融合向着系统化、深度化的层面不断加速前进。

〔个案二〕

八步发展的融合出版实践
——以人民卫生出版社为例

人民卫生出版社（本节以下简称"人卫社"）成立于1953年6月。近年来，"人卫社"在探索数字化转型的道路上，坚持以"根植卫生健康，服务健康中国"为引领，紧紧围绕医学教育服务与健康文化传播，大力实施科技创新融合，不断深化专业化、品牌化、数字化、多元化战略，逐步形成了传统出版与新兴出版协同发展的良好格局，探索出了一条"人卫社"深度融合发展之路。

（一）制定战略发展规划

战略布局和发展规划是一个出版企业发展的指挥棒和路线图。2013 年，在国家卫生健康委员会、国家新闻出版广电总局、教育部等相关部委的指导下，"人卫社"制定了"124811"数字发展战略规划。"1 个引领"：健康中国、数字人卫。"2 大目标"：国内领先、国际有影响力。"4 大战略"：全领域战略、整体转型战略、公司化战略、持续创新战略。"8 大工程"：中国医学数字出版和国际化信息平台、中国医学教育数字出版平台、中国健康科普数字出版平台、人卫医学百科数据库、人卫医学电子书城、人卫内容生产与管理平台、人卫数字印刷基地工程、中国医学教育慕课平台。"11 大领域"：医学学术、医学教育、医学考试、健康科普、电子书、APP、报刊出版、数字印刷、国际化、创新拓展、技术和营销。

在出版数字化整体转型的推进过程中，"人卫社"推出的"8 大工程"成为企业自身推进战略规划的重要支撑。工程涉及的平台建设内容、服务、功能和国家政策紧密相关，有的甚至是国家政策实验的平台和基础，因此在起步阶段，"人卫社"数字出版系列工程获得了 15 项来自国家资金和财政有关专项资金 3 亿多元的支持，这些资金为"8 大工程"的建设奠定了较为坚实的经济基础支撑。"人卫社"总编辑杜贤说道："我们用20%的财政支持,撬动了80%的全方位发展和深度融合发展。"①

(二) 明晰发展思路步骤

在推进数字化转型的具体进程上,"人卫社"实施了八步发展的实施步骤。第一步,核心教材数字化,形成了国家数字化教材。第二步,慕课平台建设。成立全球第一个医学专业慕课平台,推动了医学教育的改革。第三步,建立人卫开放大学。人卫开放大学以中国医学教育慕课联盟为主体,通过组建专家委员会及学分认定委员会,形成课程质量评价标准,形成和推动学分认定管理办法,鼓励联盟单位结合自身教学情况,将开放大学的课程纳入培养方案和教学计划,积极参与学分互认、学分转化,不断提高在线课程质量。开放大学平台包括慕课通用平台、医学公开课视频服务平台及成员单位课程运营管理平台。平台团结了医学院校,通过校社联合联手、资源整合、共建共享、学分互认、开放共赢,构建了一个新的医学教育格局,实现了翻转课堂教学和教育革命。第四步,实现人卫社的系列融合出版。"人卫社"创新利用二维码,采用"一书一码"的形式,读者通过扫描,激活精美课件、手术展示、经典病例症状等网络资源,获取数字服务,形成了融合出版的格

---

① 杜贤. 知识服务之路:深度融合发展的"人卫"模式 [N]. 中华读书报,2020-02-26.

局。第五步，搭建人卫智慧平台。这个智慧平台包括中国临床决策系统 INSIDE、CDSS，还包括人卫临床、人卫用药、人卫中医；尤其是人卫 INSIDE 软件，整合了人卫临床助手、人卫用药助手相关内容，可单独安装，为用户提供疾病、病例、药物、用药分析、医患沟通和临床检验等快速查询服务；也可搭载第三方渠道，与医院 HIS 系统、病历系统、CDSS 系统等进行对接，为医生工作站提供辅助诊疗、合理用药、相似病例、知识查询等服务。由此，人卫所有的内容可以变成手术仪器、器件、听诊器，包括所有终端都可以植入进去。第六步，实行人卫 IP 智能运营。第七步，实现人卫的 AR/VR/MR/AI 数字服务。人卫 AR、VR 系统全方位提供人卫数字化融合产品精品，将虚拟现实技术深度运用到医学领域和出版领域；同时将"人卫社"与科大讯飞合作的智医助理进行升级，提升智能化水平。第八步，坚持内容为王，加快卫生健康医疗大数据工程建设，在 5G 时代整装再发。

（三）积极加强对外合作

"人卫社"出版融合发展的核心是"人卫为王+技术为后"。"人卫社"的内容是"王"，所有技术都是"后"，"王"有一个，"后"可以有很多个。

"人卫社"与中国医学教育慕课联盟成员单位大力开展在线课程合作，推进人卫慕课平台建设；与近百所医药院与研究机构的院士、医学专家、医学教育专家等开展数字教材的研发出版与优质内容的打造共建；与百度、腾讯、科大讯飞等互联网公司和技术公司开展了广泛技术业务合作，为技术与出版的结合找到了着力点和效益点。"人卫社"与科大讯飞合作的智医助理以456分的好成绩通过了2017年的执业医师考试。开发的中国临床决策辅助系统——人卫助手系列知识服务数字平台，包括个人客户端服务和企业客户端服务，满足了不同用户的个性化需求。

面向个人用户的人卫临床助手、人卫用药助手、人卫中医助手系列以智能检索、大数据应用、人工智能为支撑，以提升基础医疗服务为重点，以助推医疗信息化为目标，满足查询、学习、应用、实践需求等多场景应用，形成了人卫知识数字服务体系，服务了1200万医务工作者。国家卫生健康委把人卫医疗助手产品援藏，充实到基层医疗机构，受到了基层医务工作者的喜欢。面向企业、机构开发的有人卫INSIDE、人卫CDSS服务系统。其中，人卫INSIDE知识库包括疾病知识库、症状体征库、药物信息库、用药问答库、用药案例库、中药方剂库、经络腧穴库、诊疗规范及指南库等三十余个专业子库。本知识库可以通过两种形式展现：一是通过API接口与机构内的其他信息系统进行联动的人卫INSIDE机构版，另一种是服务于医联体、社区医院、乡镇卫生所、村医、乡医、家庭医生、医学院校、图书馆等多场景的人卫INSIDE云服务。

"人卫社"的数字融合产品包括，以人卫融合教材为代表的医学教育类数字产品，以人卫助手系列、人卫电子书、人卫知识库为代表的医学学术类数字产品,以在线教育、中国医学教育考试题库、健康科普、药企合作项目为代表的医学考试类数字产品及其他数字产品。2017年以来年收入增长达到100%,2020年数字融合收入达到9800多万元,实现了两个效益的双丰收。

"人卫社"的出版融合成绩非一日之功,其数字出版发展路径在规划引领、工程支撑、扩大合作方面表现得最为突出。可以说,从2013年起,"人卫社"的数字出版就驶入了快车道。在2021年10月举办的第十一届数字出版博览会上,"人卫社"李新华总经理在演讲中,特别提到了"人卫社"在推动媒体融合向纵深发展的有益探索。一是强化顶层设计,统筹推进。通过制定《数字出版战略规划(2013－2020年)》《传统媒体与新媒体融合发展工程》、人卫集团"十四五"发展规划、国企三年改革行动方案等规划工程,引领发展方向。二是注重资源融合,形成合力。通过制定《医学数字资源建设规划》与"系列数字资源管理办法",建设"人卫内容云平台",实现资源的数字化高效利用。三是敢于创新深挖市场。通过研发人卫融合教材、中国临床决策辅助系统、中国医学教育题库等,形成了"人无我有、人有我先"的知识服务数字平台与系统。四是重点项目引领示范。通过探索建设人卫数据中台、人卫健康知识库对外提升服务,建设人卫新ERP,升级OA系统对内提升效率。五是开放工作提升服务。充分利用政府、协会资源,与专家学者、技术公司等开展合作,共同研发项目落地。六是创新机制激发活力。对新成立的智慧数字中心智能部门，成立数字出版全资子公司，引入互联网公司考核机制，大大激活了公司的创造力。

三个维度的典型意义，六个方面的有益探索，"人卫社"以融合发展为引擎，在医学教育服务与健康文化传播方面走在了独体社出版融合发展的前列。

第二节　出版集团的出版融合探索

〔个案三〕

融合发展的新业态探索
——以中原出版传媒集团为例

信息网络技术对出版带来深刻影响。积极运用"互联网+"思维，把融合发展作为一项战略任务，加速推进出版与新技术高度融合，加快数字化出版进程，着力精品内容生产的表现形式与传播渠道，提升优质内容的传播力、引导力、影响力、公信力，推动出版融合纵深发展，不仅是出版业当下面临的重要任务，也是出版创新产业形态的必然要求与取得高质量发展的现实路径。

当下，媒体融合发展如大河滔滔势不可挡。出版集团层面的出版融合探索既是基于所属出版子公司的探索之上，又在集团层面进行了总体部署，为所属出版社的融合发展起到了指导规划、引领发展、突出主业、扶持资助等重要作用。

中原出版传媒集团（以下简称"中原出版"）坚持以高质量发展为主线，持续按照"做强主业、做大产业、关联跨界、内合外联、转型升级、融合发展"的总思路，深刻把握出版发展形势变化，加强出版与数字技术、信息技术、移动通信技术的联姻，拉长内容生产链条，探索出版新兴业态，初步形成了出版与技术、内容、市场等多重融合范式，出版产业呈现出良好的发展态势。

（一）内容数字化呈现形式日趋多样

时前，读者阅读方式已发生重大变化，借助手机、iPad、阅读器等移动终端设备进行数字阅读已成为一种趋势，收看直播与短视频、下载 APP、关注公众号已成常见姿态，纸质阅读向数字化阅读代际更替速度更快、手段更多、效果更好。"中原出版"所属出版单位适应读者数字化阅读趋势，有效运用数字技术，已经实现纸质图书的数字化转化。教辅出版物根据师生需求，针对内容重点、测试难点、训练节点，铺设二维码，上传生成关联音视频同步解析，实现点对点辅导。

大象出版社以听书、直播、配套试卷产品、教师配套服务为发力点的在线教育服务更加多样，教辅读物内容表达更加多元，助学功能更加完善，辅导效果更加突出。大众出版瞄准市场需求，深耕细分领域，着力产品升级，实现多元传播。

河南文艺出版社通过懒人听书、喜马拉雅等平台，为读者听书提供多样化选择，知识音讯传播服务特性更加凸显，小说、传记、散文随机选择。

河南美术出版社、河南科学技术出版社通过腾讯视频、社内官网及其他自有新媒体等平台，实现书法、国画、剪纸等传统文化艺术的临摹练习、赏析品鉴与手工制作的起步入门；同时在纸书上关联音视频精华，做到了读文字、听音频、观影像的有效适配和有机统一。

多样化数字呈现方式在很大程度上消弭了传统出版内容从生产到阅读各链条之间的界限，打破了不同阅读终端之间内容传播的阻碍，优化了读者数字化阅读体验，出版物传播优质内容、满足读者需求、服务读者能力的水平大幅提升。

（二）内容资源聚集程度日益加深

在立足自身优势、深耕细分领域、坚守专业特色基础上，久久为功的出版实践使得出版社积累了大量优质内容资源。利用互联网巨大的聚能效应，促进海量内容资源有效整合，以数字图书馆、分类数据库形式，以快捷便利安全的渠道，为用户提供专业化的数据检索和知识服务，是推动出版融合发展的有力抓手。中原农民出版社"天下农书"农业数字图书馆整合全国28家地方科技出版社农书出版资源，入馆图书近万种，聚合全格式加工书目6000余种，以其独特优势打造较为专业的知识服务商。同时积极开展"天下农书"IP孵化。出版社还与地方政府签订科技引领乡村全面振兴战略合作框架协议，融入乡村振兴战略，应对地方政府发展需要，通过微信公众号、小程序等自有新媒体平台，贯通连接农业农民农村需求，以专家视频课程讲解、在线学习交流平台、产业发展模式集成等方式，旨在为小农户、规模以上土地承包者、传统及新型农业经营主体提供项目落地、科技引领、技术指导、人才培养等一站式知识服务，帮助解决农村科技力量薄弱、农业人才不足、产业水平偏低等问题，达成小农户和现代农业的有机衔接，发挥了科技下乡、知识服务对农业现代化的引领作用，提升了农民就业创业水平，拓宽了农民增收管道，为农业现代化转型、乡村振兴提供了较为坚强的知识、技术、人才、平台支撑。另有"书法中国"融媒体出版工程、"悦读"数字图书馆、医教云学院等数字出版项目，立足专业出版优势，致力于实现优质内容资源的聚集。

（三）专业平台建设渐成规模

信息网络时代可以使出版单位积累的优质内容资源得到更大范围、更多形式的应用。从单一内容提供商向既提供内容又提供信息的平台服务商转变，从以传统内容出版为核心到探索数字化条件下"出版+"的延展模式，从与技术疏离到善用网络新技术创新知识生产、呈现和传播的方式，中原出版在专业平台建设方面进行了积极有效的探索。河南电子音像出版社的中国教育信息化云平台,实施"出版+教育"模式,通过布局数字阅读大数据中心,建设数据管理平台、智能阅读平台、移动阅读平台,完善中小学数字图书馆、高校数字图书馆、个人数字图书馆、行业定制图书馆,搭建起"一中心、三平台、四重点"的产品框架。平台针对中小学、高校、个人、行业不同渠道不同用户需求,提供 PC 端、iPad 端、大屏端、手机端等多屏阅读体验。同时,以中教云数字图书馆小程序、阅读测评小程序等应用,聚合小程序矩阵共同推广、线上线下阅读活动推广、专题内容资源包推送等增值服务。目前,中教云数字图书馆通过软件系统和资源销售已为 400 余所学校提供内容资源,高校数字图书馆入选云南、广东等省份高校数字资源联采目录,行业定制图书馆已部署监狱、军校、农业科学、内部培训等系统,农阅数字农家书屋建设持续完善,形成了试点体验、统一采购、行业定制、移动端服务等多元化的商业模式,当下收益和持续收益良好。另外,戏曲出版网、武术出版网、中国教育出版网、玩美手工网等基于各自独特内容优势,平台建设取得可喜成果,为融合发展提供了坚强的平台支撑。

(四)技术研发应用合作力度加大

内容高地、技术洼地可以说是大多数出版单位在"互联网+"时代面临的窘境与困局。要想发挥数字出版后发优势,实现出版业态不断升级,需要研究大数据、云计算、人工智能、虚拟现实等新兴技术对出版业带来的冲击,需要善用网络新技术新应用,通过自主研发、自建平台、技术合作等方法弥补传统出版企业技术力量偏弱的劣势与不足。"大象数字出版与教育融合服务平台 ADP5(后更名为'大象课堂融媒教育云平台')项目"依托国家新闻出版署出版融合发展(郑州)重点实验室和国家新闻出版署出版业科技与标准数字出版应用智能部署重点实验室,以实验室技术研发为支撑,建设全流程数字编辑平台。在平台资源上,开发集成内容资源题库系统、视频直播点播系统、在线考试和测评分析系统、电子书及动画制作工具系统。在编辑流程上,提供作者管理、任务发布、进度跟踪等功能,解决视频网文审核、内容资源关联标引等问题。在教育产品上,搭建"大象 e 学""大象 e 考""大象 e 教"品牌门户,上线运营多学科多个应用产品。在技术应用上,引进大数据分析和人工智能,基于完善测评系统的数据挖掘,提供精准教学、对点辅导、学习资源精准推送等智慧化服务。引进语音及行为识别技术,增加服务使用者的精准性和黏性度,满足用户个性化、定制化需求,实现了较好的收入。同时,通过外协内容资源、加强技术合作,对平台功能目标、内部分级、制作标准进行大幅度技术优化升级。河南电子音像出版社、河南科学技术出版社等亦通过与广东诺图计算机科技有限公司、陕西尚合电子科技有限公司、河南幻境数字科技有限公司等技术公司开展深度合作,进一步提升数字出版水平。

(五) 出版发行市场迎来快速变革

"2019年,中国图书零售市场码洋规模继续保持两位数的增长,同比上升14.4%,码洋规模达1022.7亿元,保持较高增速。网店销售同比增长24.9%,码洋规模达715.1亿元。"① 2020年受疫情影响,图书零售市场码洋规模有所下降。根据北京开卷公司统计分析,2021年图书整体零售市场与2020年相比同比上升1.65%。疫情的反复还在对新书品种规模、实体书店销售复苏、电商渠道的销售增长率等造成多重影响。② 据北京开卷公司数据,出版企业线上渠道销售占比达到79%,其中自有平台电商与短视频电商2020年的同比增长率达到8.35%,2021同比增长为1%。

通过以上数据可以看出,在我国经济发展面临需求收缩、供给冲击、预期转弱三重压力的宏观经济环境下,图书零售市场仍保持了小幅度的增长态势,在线销售在营销发行中占据越来越重要的分量。从全国范围看,2017年,"已有22个省、自治区、直辖市的新华书店开展了网上出版物发行业务"③。河南省新华书店发行集团有限公司(以下简称"河南新华")

---

① 张稚丹. 千亿高峰眺未来 [N]. 人民日报海外版, 2020-01-16.
② 北京开卷信息技术有限公司. 码洋规模较疫情前下降3.51%解读最新图书零售市场数据 [N]. 出版商务周报, 2022-01-23.
③ 范军. 2017-2018中国出版业发展报告 [M]. 北京:中国书籍出版社, 2018: 10, 100.

旗下云书网亦包含在内。随着网络成为出版物发行市场的主要渠道，出版物发行业在全媒体、全管道、多业态方面迎来快速变革。"河南新华"呼应市场变革，发挥渠道优势，在转型升级、融合发展方面成效较为突出。截至2021年12月31日，云书网订单量达105.79万单，同比提升641.35%，成为集团重要支柱产业。数字公共文化服务平台新华·百姓文化云汇聚全省公共文化资源和社会文化资源信息，不断更新上线公共文化场馆与文化活动数量，活动订单生成率持续攀升，形成了"超市化"供应模式，截至2021年12月，平台总注册用户达到980多万人，平台年浏览量3200多万人次，同比提升9.98%，已成为区域性重要的文化服务平台和新兴媒体平台。通过技术应用能力提升、多元发展管道拓展、平台型企业构建，云书网与新华·百姓文化云迸发出良好的市场潜力、创新活力、发展能力，不但较好实现了出版发行产业再造、市场再造，而且更进一步提升了企业整体运营能力和融合发展水平。

未来一个发展时期，积聚高端优质内容资源，加快技术应用创新，破局资本运营支撑，扩大新业态业务收入占比，将成为"中原出版"挺拔主业、深化融合的重要任务。

〔个案四〕
科学规划下的融合之路
——以凤凰出版传媒集团为例

作为在全国出版行业总体经济规模综合评价在较长一段时期内名列第一的一家地方出版集团,凤凰出版传媒集团(以下简称"凤凰出版集团")在数字化转型方面布局早、探索早,走出了一条特色鲜明、效益良好的出版融合之路。早在2006年,"凤凰出版集团"已充分认识到数字化转型的重要性,把数字化战略作为集团的六大战略之一,着眼前瞻性视野、高端化布局、多业态共生;2014年正式颁布了《凤凰出版传媒集团数字化建设规划纲要》,以重大战略和规划纲要为引领,集团公司的数字产业规划、内容生产、融合发展等工作在"十二五""十三五"期间稳步推进,取得了良好的社会效益和经济效益,走在了地方出版集团乃至全国出版业数字出版及融合发展探索的前列。

(一)夯实数字化建设的技术基础

在技术层面,传统出版行业内数字化人才稀缺,依靠内生式的技术研发,实现对数字出版的支撑和突破较为艰难,尤其是在国内数字出版的起步阶段,如何通过技术突围推动出版主业数字化发展,是摆在"凤凰出版集团"面前主要的攻关课题。"凤凰出版集团"做出了多元探索。

一是发现优质标的实施并购控股。集团公司及其控股的江苏凤凰出版传媒股份有限公司（以下简称"凤凰传媒"），通过并购、投资的方式控股了多家专注数字化研发业务的公司。2012年，凤凰传媒下属全资子公司江苏凤凰职业教育图书有限公司并购厦门创壹软件有限公司（以下简称"凤凰创壹"）。厦门创壹软件有限公司是一家着力研发虚拟教学软件的公司，凤凰传媒借力收购厦门创壹，在AR/VR仿真教学培训软件方面的研制、开发、运用水平大大提升。至2019年年初，"凤凰创壹"开发的AR/VR仿真教学培训软件、自主知识产权的在线虚拟现实引擎等核心产品已为3000多所院校开发了包括数字工厂、机器人、无人机、机电、数控等在内的110个专业、700门AR/VR仿真教学培训精品课程、800多万个三维仿真实训资源及互动教学培训资源，不断满足职业教育的新需求。2021年实现营业收入8487.99万元，净利润3052.19万元，同比均大幅增长。2021年5月完成教育部直属唯一一个国家级职业教育示范实训基地平台建设项目的签约，合同金额8760万元。"凤凰创壹"正向着全球领先的在线虚拟现实三维互动教学服务提供商的目标努力迈进。

仅在"十二五"期间，"凤凰出版集团"就通过投资、重组等手段，先后组建了12家专业化的数字出版企业，从业人员达到2000多人，其中参与数字出版、新媒体技术研发与运营的人员达到50%以上。同时，"十二五"期间，集团所属主要出版、发行和印刷企业均成立了数字化专业部门，传统出版企业数字化转型的骨干机构组建完成。

二是自主建设数字出版 IT 基础。2012 年,"凤凰出版集团"投资成立江苏凤凰数据有限公司,建设华东地区最大的大数据中心,可容纳 4000 多个机架,具备近 10 万台服务器的托管能力,建筑面积 2.5 万平方米,机柜数量 3054 个,一批国内顶级的包括百度、优酷等互联网企业、重要金融机构进驻。截至 2015 年,中心年收入已达 1.8 亿元。到 2020 年,以机房(机架)租赁、带宽运营、云服务的云计算中心业务为政府机关和企事业客户提供了安全、优质的 IT 服务。根据"凤凰传媒"2021 年年度报告,凤凰数据中心 2021 年实现净利润 5234.87 万元。凤凰新港数据中心项目一期建成并投入运营,百度成功入驻,当年实现净利润 497.77 万元。

三是进行自主研发。江苏凤凰数字传媒有限公司(以下简称"凤凰数媒")是集团数字化建设的主要实施主体,业务重点领域旨在通过新兴技术研发应用及市场推广、融合发展总体统筹、重大项目推动等,加快集团公司整体数字化转型步伐。控股的多家数字化业务领先企业、自建的大型云计算中心、组建的"凤凰数媒"、出版单位的数字出版部门使"凤凰出版集团"形成了多位互补、上下协力的数字出版技术合力,为公司的软件硬件创新、核心业务支撑、数字产品研发奠定了扎实的技术支撑。

(二) 明确教育出版数字化的先导布局

"凤凰出版集团"是国内规模体量最大的出版集团,其在进行数字化的布局上头绪多、任务重,在多点并进的整体数字化策略中找准了重点方向、突出了重点领域,就能对集团公司的整体数字化提升与融合发展起到巨大的引领和促进作用。教育出版是国有大多数出版集团生存与发展的根基,是奠定出版主业发展的生命线和基本盘,"凤凰出版集团"亦不例外。在规划内容上,以教育出版的数字化为先导,建设丰富、多元、精准、立体的数字出版产品线,打造多形态、多媒体的教育出版物,这一点在集团公司起步阶段的教育出版数字化战略规划中相当清晰。

"凤凰出版集团"立足于苏教版教材的优势,以品种数量和市场占有率居全国市场第二位的突出优势,在义务教育阶段语文、历史、道德与法治三科教材统编使用的情况下,其教育产品已覆盖28个省(直辖市、自治区),有超过4000万学生使用。凤凰数字教材是与"凤凰出版集团"出版的新课标教材同步配套的系列化、智能化、互动型电子教材产品,涵盖小学、初中阶段主学科和高中阶段必修教材。PC端、移动端、网络平台端用户的多场景应用功能,多媒体、融合多媒体、人机交互等数字技术的使用,精准、丰富、优质的音频、视频、动画等多媒体教学资源,交互智能开放的个性化的学习体验,大大提升了数字教材的适用性、便捷性。历次迭代开发后,凤凰数字教材目前已形成集数字教材、数字资源、学科工具、应用数据为一体的多场景、强互动、优服务的智能化数字教育产品，多方位满足了教与学的不同需求。

除了对旗下自有教育资源进行数字化建设之外，集团公司还通过资本运作，在 2011 年实现了对学科网的控股，实现了基础教育资源建设与在线服务的早期布局与弯道超车。学科网是国内基础教育资源最丰富的网站，根据"凤凰传媒"2021年半年度报告："学科网继续保持持续快速的发展趋势，2021年营业收入32189.18万元，同比增长30.66%，净利润4285.82万元，同比增长76.17%。截至 2021 年底，使用学科网资源库的 B 端客户总数为 36945 个，使用学科网题库的 B 端客户总数为 17664 个。资源价值在 C 端得到进一步体现，目前 C 端知识扫码付费月平均支付次数约为 45 万次。2021 年全年 C 端收入为 7564.90万元，同比增长36.41%。"

从初始阶段近百种数字化教材的开发、智慧教育资源云服务平台搭建，到围绕数字内容、网络平台、软件技术、数据管理等重点板块布局智慧教育业务，"凤凰传媒"已经形成了以凤凰中小学数字教材服务平台、语音学习网络系统、凤凰云课堂、学科网、凤凰创壹 VR 仿真实验教学平台和 MOCOBO 智慧校园等数字教育产品为基础支撑的数字教育良好生态，实现了智慧教育领域的比较领先的优势。

除了在教育出版领域的数字化的重点推动，在大众出版与专业出版领域，集团公司的融合发展亦稳步推进。目前，以智慧教育为核心，以江苏省数字农家书屋、凤凰中小学数字图书馆等大众出版阅读产品和以农技耘 APP 为代表的农业科技服务云平台等专业出版产品和平台为两翼，"凤凰传媒"出版融合正向系统深入阶段发展。

（三）运用资本运作的市场力量

作为具有鲜明文化属性的出版企业，政府对出版工作的指导监管、政策支持、宣传引导为文化精品创作生产创造良好发展环境。出版企业应高度担当成风化人的责任与使命，不断强化文化特色底色，充分发挥市场在出版资源配置中的积极性作用，主动应对市场挑战，大力发挥主观能动性，充分参与市场竞争。"凤凰出版集团"基于自身优势，通过跨体制"混合所有制经济"改革，引入市场资本运行机制，打破资本制约瓶颈，聚合多方优质资源，培育了数字出版的新动能，形成了融合发展的新优势。

如前所述，通过资本运作，"凤凰出版集团"在职业教育阶段持股"凤凰创壹"、在基础教育阶段持股学科网之外，在其他领域亦开展了多项投资。

2010 年 8 月，"凤凰出版集团"与法国阿歇特出版集团共同投资的合资公司凤凰阿歇特文化发展（北京）有限公司正式揭牌。合资公司的成立为"凤凰出版集团"的数字化出版和全球图书分销提供了新的业务增长点。

2012 年 4 月，完成对单机游戏门户——游侠网的控股收购，现改名为凤凰游戏，销售正版游戏、游戏主机和周边产品。

2013年8月，凤凰数字传媒与慕和网络达成收购合作意向，以64%的持股比例成为其控股股东。慕和网络是一家立足于手游行业的公司，旗下多款多人在线游戏跻身世界排行榜前50。

2015年，"凤凰出版集团"以8000万美元，收购美国出版国际公司（简称PIL公司）童书业务及其位于德国、法国、英国、澳大利亚等海外子公司的全部股权和资产。PIL公司的核心业务为儿童电子书和儿童有声书。这一收购成为其时中国出版业最大跨国并购案。"凤凰出版集团"以此重大并购创举实现了对电子有声童书全球市场的崭新布局。

2016年，公司旗下现代快报战略投资新媒体ZAKER，并打通业务层面合作，推出多个具有广泛影响力的融媒体报道作品，取得了良好的社会效益。

此外，集团公司以控股或参股形式进行了系列多元化投资，实现了良好收益。概括来说有，集团层面，"凤凰出版集团"控股设立财务公司，凤凰集团母公司参股江苏银行，凤凰集团母公司参股苏银金融租赁股份有限公司。凤凰股份上市公司参股南京证券；还参股利安人寿股份有限公司；设立自营融资租赁公司，参股担保公司及多只基金。"凤凰出版集团"下属的江苏凤凰文化贸易集团有限公司还控股一家内资融资租赁公司——江苏凤凰文贸融资租赁有限公司。参股的多只基金获利颇丰,"凤凰集团积极进行多元化的投资,投资净利润占整体净利润的三分之一强"①,有力支撑了出版主业发展。"凤凰出版集团"的周斌认为:"在媒体推进融合发展的过程中,技术和资本作为两大驱动力,作用日益凸显,尤其是资本运作,越发成为传统媒体转型升级的根本动力。"② "凤凰出版集团"始终坚守主业,通过资本力量,基于自身出版主业优势资源基础进行资本良性投资与布局,为出版主业提供坚实资金支撑,而后又通过资本力量反哺主业尤其是内容生产创新创造,推动了集团整体产业的高质量发展。

(四) 建立健全有力的保障机制

内容、资金、人才是出版企业数字化转型过程中最为重要的三个基本要素,每一个要素的生产能力的提高都需要一个较为长期的过程。如果说各家出版企业尤其是出版社基于在传统出版领域的多年耕耘,在内容出版方面形成了基于自身特色的突出优势,在传统纸质内容的数字化方面尚有一定的基础,但在推进数字化进程中仍面临资金不足、人才缺乏等突出短板与制约瓶颈。对于处在市场一线打拼的市场主体而言,来自于国家、行业、集团母公司层面的政策、资金、机制保障对推进融

---

① 郭全中. 改革创新、主业基石、资本驱动、多元反哺的凤凰模式. 西部学刊, 2018 (9): 14.

② 周斌. 寻求有高度的高质量发展之路——江苏凤凰出版传媒集团的经验路径分析 [J]. 出版参考, 2019 (1): 16.

合发展意义重大。可是，通常情况下，国家层面的资金支持扶持相对有限，不可能覆盖所有出版企业。相比而言，集团层面对所属出版主业子公司进行出版融合发展探索的扶持政策、资助资金等则要快速、灵活、及时得多。"凤凰出版集团"通过一系列的保障机制，为集团公司的数字出版、智慧出版、融合发展注入了活力。

首先，进行资金奖励资助。2016年11月，时任"凤凰出版集团"董事长的张建康在接受《出版商务周报》记者采访时说道：集团每年拿出3000万元到6000万元的资金，对下属企业的出版与创新项目进行奖励。项目不以大小区分，最终以成绩说话，奖励上不封顶。坚强有力的奖励资金投入，不仅显示了集团强力推动企业数字化转型的决心，更为所属子公司尤其是内容生产企业注入了"强心剂"，含服了"动力丸"。下属出版企业基于自身专业特色，立足市场前沿，在融合出版方面展开了创新探索。对于重点项目、重要平台，集团认真落实融合出版专项资金，实施项目带动战略。仅在2021年上半年，就对凤凰书苑、凤凰易学、凤凰职教云平台、凤凰融合出版基础服务平台4个重大项目，计资助2200万元，有力促进了融合出版的多点突破。

其次，注重人才培养涵养。一方面，对于集团内部极度缺乏的专业人才，通过直接引进职业经理人或者直接从海外招聘高层次人才加以解决；另一方面，通过内生机制，充分挖潜集团内部在职人才的潜力和动能。尤其是在新冠肺炎疫情之前定期组织中层以上干部和业务骨干到海外进行封闭式培训，扩大了员工的国际视野，促进了"凤凰出版集团"和世界先进出版集团的交流学习，大幅度提升集团公司骨干人才的国际化、专业化、数字化水平。

再次，激活内部激励机制。在新兴信息技术深度融入出版产业化的当下，倚重出版编辑专业人才和互联网技术人才发挥团队组合效能，形成推动融合发展纵向延伸的整体合力，对于出版企业至关重要。互联网企业与完全市场化的数字出版公司经常采取以股权、期权为主的激励机制。作为国有出版企业，在股权期权的激励机制设计形态上受到多重制约，需要经过国有资产挂牌转让等较为复杂的程序。"凤凰出版集团"在对收购、控股的部分新业态、新形态企业中，积极探索新的激励机制。作为凤凰传媒控股的子公司凤凰数媒，为集团所属数字出版专业公司，技术开发团队主要从IT行业引进。传统出版企业的管理与机制在一定程度上不能很好适应技术研发团队的生产效率、绩效考核、团队利益等需求。"2017年，凤凰数媒进行内部改革，将技术开发团队单独划出组建公司，凤凰数媒占股51%，技术团队骨干占股49%。"① "凤凰数媒"对于核心骨干员工采取了股权激励形式，在激励机制上实施创新"特区"，充分释放了人才创新活力。

---

① 孙真福，蔡立. 教育出版融合发展机制建设探索与思考 [J]. 科技与出版，2020（8）：19.

在新时代出版融合发展的道路上，以优质数字内容创新为根基，以技术创新运用为支撑，继续推进传统出版和新兴出版有效融合，有力促进新旧媒体深度融合，努力实现内容、产品、渠道、平台、传播、服务的创新，推动整个出版产业的融合发展，是每一家出版集团、每一个出版企业应当承担的使命和责任。

"凤凰出版集团"紧紧围绕出版主业，适度关联多元产业，开展优质投资合作，延伸出版系列品牌优势，构建以书业为核心的出版文化产业生态圈，形成了以纸质出版衍生的数字化产品增值衍生、内容核心软件平台与软硬件解决方案、智能化内容和知识服务产品为主要根基，以影视、游戏、版权开发等为有力辅佐的多层次、多样态的产品体系。通过资本助力与资本撬动，"凤凰出版集团"实现了传媒控制资本、资本壮大传媒的良性循环，主业发展更加挺拔，转型升级成效显著，资本对推动出版融合发展的作用得到了充分彰显。

"凤凰出版集团"的数字出版探索为出版界提供了宝贵启示。虽然起点不同，优势各异，同行者、后来者亦可汲取借鉴，在融合出版的广阔蓝海中积极作为，大有作为。

〔个案五〕
全球数字化学习者的引领者
——以培生集团为例

欧美对数字出版的探索走在世界前列。早在电子图书技术初露端倪之时，数字出版就引起了美国的一些传媒出版从业者的高度关注。进入新世纪，数字出版更成为美国一些传媒出版集团的优先发展重点。2004年，Google推出将全球的图书资源数码化的宏大计划，率先推出全球第一家网上图书馆。亚马逊公司推出的Kindle使阅读器的功能逐渐完善。2008年以来，美国《基督教科学箴言报》《纽约时报》等多家报刊相继主推网络版订阅。作为全球传媒出版的引领者，上述报刊和搜索引擎的变革极大地带动了数字出版的蓬勃发展。据统计，2011年，世界6大出版集团的数字出版业务收入已占到其总收入的20%至30%。而当时在世界出版集团排名第一的培生集团，营业收入59亿英镑，其中数字化收入为20亿英镑，占其总销售额的33%。① 由法国出版杂志《图书周刊》（Livres Hebdo）发起，RWCC国际书业研究院实施研究并撰写报告，全球出版50强排名于2020年9月发布。在2020年全球出版50强前6名中，专注于科学、技术和专业出版的3家公司——励讯集团（爱思唯尔）（RELX Group）、汤森路透（ThomsonReuters）、威科（Wolters Kluwer），数字化收入占其营业额70%以上。排名第五的威科，其数字产品的收入更是达到了其总收入的89%。排名第三的培生（Pearson），数字化转型进一步发展，数字化和服务业务为培生贡献了上一年度总收入的66%，2020年数

---

① 李婧. 中国数字出版前途光明 道路曲折[N]. 中国文化报，2012 – 07 – 21.

字化收入占比比 2011 年的占比翻了一番。其具体情况见表3－5：

表3－5 2020年全球出版前6强数字化收入在总营业收入中占比

集团名称	总收入	数字化收入占比（%）	数字化收入构成	出版服务领域
励讯集团（爱思唯尔）	78.29亿英镑	75.73%	数字产品和服务	面向各个行业专业和商业客户的信息和分析的全球提供商
汤森路透	59.06亿美元	88.27%	电子、软件、服务、基于云的产品	为金融、法律、税收会计、医疗保健、科学和媒体市场的企业和专业人士提供信息
培生	38.69亿英镑	66%	数字产品和服务	全球业务线主要集中在学校、高等教育和职业教育
贝塔斯曼	180亿欧元	50%+	数字教育和服务产品，数字业务首次为集团贡献超过50%收入	世界上最大的大众出版商
威科	46.12亿欧元	89%	数字产品占78%，服务占11%	致力于为法律、商业、税务、会计、金融、审计、风险、合规和医疗市场的专业人士提供服务、支持

续表

集团名称	总收入	数字化收入占比(%)	数字化收入构成	出版服务领域
阿歇特	72.11欧元	11.1%（占出版收入）	电子书、有声读物等数字出版物	面向公众和教育市场的世界第三大大众图书出版商（在法国排名第一，在英国排名第二，在西班牙排名第三，在美国排名第四）

分析表3－5可以看出，除贝塔斯曼以外，位居前列的其他4大出版商集中于专业出版与学术出版，数字产品、数字服务等数字化收入均占营业总收入的66%以上。*Global 50 The Ranking of the Publishing Industry* 2020撰写于2020年9月，新冠肺炎疫情造成的地区封锁，大多数乃至所有书店的关闭，对国际出版业的影响不可忽视。即便是在市场环境因疫情受到影响的情况下，数字内容的市场份额仍大幅提升，充分吸引了消费者的注意力，在整个出版市场中的表现与增长仍然很强劲。以大众出版为主要业务领域的贝塔斯曼，数字化收入也达到50%以上。阿歇特公司的主要业务为大众出版，数字出版收入占比虽然仅为11.1%，这是基于大众出版市场和专业、学术出版市场的多方差异造成的。即便如此，2019年，阿歇特有9万多部作品以数字格式提供，有声读物在所有地区的销量都继续增长；数字收入的比例逐年增长，占2019年阿歇特出版收入

的11.1%。数字出版已然成为出版业，尤其是专业和学术出版最重要的支撑力量。

下面以培生集团（以下简称"培生"）为例，探寻西方出版集团在数字出版方面的前进路径。

"培生"创建于1844年，由初创时一家位于英格兰北部约克郡的小型建筑公司一路成长为今天全球领先的学习公司。截至2019年，"培生"在全球70多个国家有24322名员工，2019年度总销售额达到39.69亿英镑，居于国际知名出版集团前列。"从2012年起，数字化产品和服务业务收入开始超过纸质出版业务收入"①，到2019年数字和服务业务为培生贡献了66%的收入，其数字化转型在2019年度进一步提速，已经成为"培生"强劲增长的收入来源。

（一）专注于数字优先的数字化战略

从战略规划层面看，"培生"1999年即开始探索传统出版的数字化之路，当年"通过互联网实现的在线/印本捆绑产品、在线渠道和在线交付收入总计4.15亿英镑"②。2005年，"培生"把技术、定制作为其三大战略的重要两项，实质是这两项与数字化密切相关。2006年，技术与服务成为集团层面四大战

---

① 王莹. 国际出版集团数字化转型期商业模式剖析——以培生集团、励讯集团和企鹅兰登书屋为例 [J]. 传播与版权，2019（4）：82.

② 徐丽芳，王心雨，张慧. 国外教育出版数字化发展对我国的启示——以培生集团为例 [J]. 出版广角，2019（1）：12.

略之一。2016年,"培生"的数字化发展战略内涵进一步清晰,数字化转型被作为集团公司的战略优先事项更加得到重视,一流内容、在线测评、服务技术、个性化学习等成为实施数字化战略的重要内容。2020年,"培生"的主要业务向以数字化学习者为中心进行转变,全球在线学习、国际资格评估等主要板块的核心业务更加向着数字化的维度集中,数字化战略已经成为"培生"发展的首位战略。

在技术研发应用层面,直面技术挑战,破除技术阻碍,以技术为先导全面服务数字优先战略。对于技术造成的阻碍,"培生"采取了三种主要途径:

一是进行收购补强突出短板。2000年,"培生"以25亿美元收购当时全球领先的技术公司国家计算机系统(NCS)。2007年,收购远程在线学习先驱College。"从1999－2017年,培生耗费67亿美元,通过30余起并购,最终使数字化内容、评测和服务收入占到公司总营收的近7成。"[①] 2020年1月,"培生"又宣布从Smart Sparrow收购数字学习技术。Smart Sparrow是总部位于澳大利亚悉尼的教育科技创新公司。该交易对Smart Sparrow的资产估价为2500万美元。

二是开展合作促进技术与内容融合。2016年,"培生"与微软就混合现实技术的教育应用前景展开合作。"2018年,培

---

① 徐丽芳,王心雨,张慧.国外教育出版数字化发展对我国的启示:以培生集团为例[J].出版广角,2019(1):12.

生与教育技术公司 Labster 合作，发布搭载了虚拟仿真实验室的新版《生物学》（Miller Levine）混合型教材，为高中生提供最新的数字学习体验。"①

三是创设技术企业支撑教育技术研发创新。一方面以集团内部的技术中心和数字出版分公司为基本依托，另一方面则通过孵化培育，扶持新设数字公司的创业创新创造。

"培生集团的战略目标定位为：整合数字化与大数据技术，将学习需求与良好的教育培训资源整合在一起，通过驱动教育市场的边界，建构深层次教育收益模式。"② 通过收购、合作、公司自我扶持孵化三种途径，"培生"很好地解决了数字教育产业链中数字内容制作与教育服务等方面的技术制约，关键技术为战略定位的实现奠定了强大的支撑。

（二）主攻数字教育学习服务

作为全球领先的国际教育出版集团，不断并购教育、学习业务，逐步剥离与此关联不够紧密的其他资产，是"培生"十余年来的一贯策略。继 2011 年以 2.94 亿美元收购环球天下后，仅在 2012 年，"培生"就进行了与考试、学习、在线教育业务关联十分密切的 4 家公司的收购。5 月 16 日，宣布以 1.4 亿美

---

① 徐丽芳，王心雨，张慧. 国外教育出版数字化发展对我国的启示——以培生集团为例 [J]. 出版广角，2019（1）：12.
② 侯欣洁. 国外数字出版全球化发展战略研究 [M]. 北京：知识产权出版社，2018：81.

元现金收购基于绩效的认证考试和模拟考试解决方案供应商Certiport（思递波）。思递波在全球拥有1.2万个授权考试中心，每年在150个国家发送200多万门次考试，2011年实现收入4800万美元，过往3年复合增长率超过20%。5月25日，"培生"宣布以9000万美元现金收购商业英语学习软件公司环球西文（Global English）。Global English成立于1997年，是一家以云计算为基础，提供按需商业英语学习、评估与绩效支持软件的供应商，2011年营收超过4200万美元，在20多个国家拥有200余名员工。10月17日，"培生"宣布以6.5亿美元从一个投资财团手中收购美国在线教育服务商Embanet Compass，该公司成立于1995年，拥有580名员工，与美国超过100家非营利性大专院校在在线课程上有合作，并提供在线学习解决方案，过往3年收入强劲增长，当其收购时预计2012年营收约1.3亿美元。

之后，"培生"的并购收购核心业务持续进行。2019年11月，"培生"收购了教课科技公司Lumerit，该公司使用数据和分析将学习者的个人资料与学术课程相匹配。

对于集团公司的大众出版、分销等业务，"培生"则在逐步剥离。2015年7月，"培生"以8.44亿英镑出售《金融时报》；8月12日，以4.69亿英镑（约合7.31亿美元）出售所持有的经济学人集团50%股份。经济学人集团是《经济学人》杂志的出版商，该杂志已拥有172年的历史。截至2015年3月的财年，经济学人集团销售额为3.28亿英镑，营业利润为6000

万英镑。出售经济学人集团股份后,"培生"基本退出了新闻媒体业。2017年7月,"培生"宣布出售其所持有的企鹅兰登书屋(PRH)22%的股权给贝塔斯曼,并对剩余业务进行资本调整。"培生"称这一交易与公司的战略相符,带来了将近10亿美元的净收益。2019年,"培生"把其在企鹅兰登书屋剩余的25%股权出售给德国合伙人贝塔斯曼。2020年4月,在获得所有必要的监管批准后,"培生"完成了将企鹅兰登书屋剩余25%的股份转让给共同股东贝塔斯曼的交易。企鹅兰登书屋100%的股份归属贝塔斯曼。

十年来,"培生"通过一系列的并购出售的资本化运作,其主攻领域越来越清晰。紧随全球教育的深刻快速变革,100%专注于全球教育战略部署和资源配置,以数字教育业务推动核心业务不断增长,既是"培生"并购与出售的内在动机,也是"培生"长远发展的战略目标。在数字教育学习服务领域,"培生"已经形成了突出的优势:内容研发、数字产品制作、在线课程开发、教育测验反馈、全球学术专业考试评测、在线学位课程、虚拟学校体统、学习管理系统、互动学习应答、高等教育课件、教育服务提供、课程数据管理、学位课程服务、全球学习平台、整合性与个性化学习解决方案,等等。"培生"全球教育内容与服务提供商的地位稳居世界前列,覆盖K12学段、高等教育、职业教育不同类别、不同级别,全球主要业务线更加完善,深度满足数字化学习者的需求,用户定位更加集中聚焦,产品与服务持续升级优化。

（三）重组组织提升整体效能

"培生"是一家有着170多年历史的老字号企业，其旗下所属的公司、产品、客户、服务、应用系统与应用程序复杂多样。基础设施重复建设，产品服务质量不一，资源管理分散浪费，机构人员冗杂赘余等，成为"培生"提升组织效能、实现产业效益的负面能量。从2013年开始，"培生"开始了人员和组织的重组更新。

一是削减应用程序及数据中心。2013年前，"培生一度拥有63个企业资源计划（ERP）系统、3000多个应用程序以及93个数据中心"①。经过优化机构配置，"数据中心则减少到不足30个以便其服务最终能在租用的公共云上运行，并将3000个应用程序削减至1000个。2013－2016年，集团因此节省成本6.5亿英镑"②。

二是吐旧纳新精简机构人员。2016年1月，"培生"宣布在2016年裁员4000名员工，以进一步削减成本。这一行动将使公司的员工人数减少10%，公司为此2016年节省2.5亿英镑，2017年将进一步节省1亿英镑。2017年8月，"培生"宣布了再节省3亿英镑的战略，希望通过进一步裁员3000人来节省

---

① 徐丽芳，王心雨，张慧. 国外教育出版数字化发展对我国的启示——以培生集团为例［J］. 出版广角，2019（1）：14.

② 徐丽芳，王心雨，张慧. 国外教育出版数字化发展对我国的启示——以培生集团为例［J］. 出版广角，2019（1）：14.

开支。与此同时，针对新兴数字教育业务急需人才的现状，"培生"则从电信、媒体、科技等行业引进外来优秀人才。内部培训、课程指导、外出参观、品牌论坛、研讨班学习、职业讲习班等一系列针对员工的多元化培训，内容丰富，涉及面广，有效提升了员工的技能知识水平。"自2016年以来，'培生'24%的员工参与其中。"①

三是推出效率计划改变绩效目标。2016年，"培生"推出了2017－2020年效率计划，重点在三个领域进行革新，即：建设基于信息化技术的全球共享服务中心，进一步简化工作流程，进一步裁员继续精简组织，进一步减少遗留应用程序、数据中心和办公地点数量。通过效能计划实施，该项目在2019年实现了1.3亿英镑的成本增量节约。到2019年底，年度节约3.35亿英镑。在教育产品与服务的绩效目标考核中，"培生"将效能指标作为衡量产品与服务的标准，代替了原来的效率优先标准。2018年，"培生""首次就12个广泛使用的产品发布经过外部审计的效能报告，研究结果通过斯坦福国际研究院（SRI International）和普华永道的审计"②。通过效能计划，"培生"对于产品、服务对学习者的影响力更加重视。

---

① 徐丽芳，王心雨，张慧. 国外教育出版数字化发展对我国的启示——以培生集团为例 [J]. 出版广角，2019（1）：15.

② 徐丽芳，王心雨，张慧. 国外教育出版数字化发展对我国的启示——以培生集团为例 [J]. 出版广角，2019（1）：14－15.

(四) 全球化布局带动数字收入

"培生"的全球化布局包括数字内容研发、数字学习公司收购、新兴商业模式结构性增长市场投资等多个方面。在数字内容、课程资源研发方面,"培生"与谷歌、微软、IBM 等科技巨头合作研发。如何更好研发机器学习技术也在与美国高等教育市场的合作中积极推进。基于集团课程、课件的优质资源,"培生"2014 年开始与加利福尼亚大学戴维斯分校(University of California, Davis)进行合作,通过校内的数字化平台,"向 45000 多名学生提供了 170 多门课程的材料,每学期超过 40 门课程。这项合作在两年时间内为该校的学生累计节省了 340 万美元的教育支出,培生集团也因此获得了该校的高度赞誉"[①]。"培生"还为牛津大学、华盛顿州立大学、肯塔基州立大学、哈罗公学等不同大学、高中提供数字教育内容与数字产品,与美国、英国、澳大利亚等国家不同学段、不同层次的学校开展广泛合作。"培生"用数字化的课程、课件、评测、英语学习等数字产品为满足不同用户需求提供个性化服务学习解决方案。在结构性增长市场投资中,"培生"紧紧围绕教学、学习、评测核心业务,投资公司增长业务最快的数字教育市场,向英语学习课程(English Language Learing Curriculum)、

---

① 于明明. 国外教育出版企业数字化转型启示——以培生集团为例 [J]. 出版广角,2019(2):44-45.

虚拟学校（Virtual Schools）、在线课程管理（Online Program Management，OPM）、职业资格认证（Professional Certification，VUE）等进行总体资源分配倾斜，强力主攻优势增长板块。

从内容到技术，从产品到服务，从收购投资到出售撤资，从组织重组到优化纳新，"培生"的布局点、落脚点、生发点基于全球，由此带动来自国际化的持续收入。2019年，根据客户所在国家/地区划分："培生"的年度销售额中，英国3.85亿英镑（2018年3.77亿英镑），其他欧洲国家2.44亿英镑（2018年2.46亿英镑），美国24.17亿英镑（2018年26.27亿英镑），加拿大1.05亿英镑（2018年1.26亿英镑），亚太地区4.41亿英镑（2018年4.55亿英镑），其他国家2.77亿英镑（2018年2.98亿英镑）。在总计38.69亿英镑的销售额中，来自英国之外的收入高达34.84亿英镑，占到了总销售额的90%。

通过实施数字化优先战略，"培生"已经实现了主要业务数字化、核心产品数字化、客户服务数字化、经营管理数字化的全面数字化。数字化使得"培生"能够聚集国际优质资源，运用全球先进技术，开发领先数字内容，提供精准个性服务，并借此成为全球教育出版领域数字化、国际化的领军出版集团，奠定了全球数字教育、数字化学习的遥遥领先地位。

第三节　典型个案融合发展启示

独体社与出版集团在数字出版方面的探索所带来的启示意义是多方面的。以内容服务为核心，以数字化为手段，以广渠道传播与高盈利水平为目标，集优质内容、平台打造、管道多元、机制优化为一身的立体化探索路径，领先出版企业在进行多业态格局合理布阵、争得充足市场份额、技术应用占得先机等方面开辟了数字出版发展的新天地。

一、及早制定规划，明晰发展重点

规划是发展目标，是奋斗方向，数字出版的高质量发展、出版深度融合的系统推进离不开前瞻科学的发展规划。近年来，国家相继出台了《关于进一步推动新闻出版产业发展的指导意见》《关于加快我国数字出版产业发展的若干意见》《关于发展电子书产业的意见》《关于推动新闻出版业数字化转型升级的指导意见》《关于推动传统出版和新兴出版融合发展的指导意见》《关于深化新闻出版业数字化转型升级的通知》《关于加快推进媒体深度融合发展的意见》《关于推动出版深度融合发展的实施意见》等一系列促进数字出版与推进媒体融合发展的指导意见与规范性文件，为我国数字出版产业的健康发展与不断壮大提供了有力的制度保障。出版企业要积极适应国家出版业数字化发展战略，从小至兴社强企，大至出版强国、文化强国建设的角度，高度重视数字出版，把系统推进出版深度融合发展作为出版主业高质量发展的重要工作内容，加快制定本企业数字出版中长期发展规划，确定"十四五"乃至更长一段时期内数字出版的发展思路、发展重点、产品布局和发展规模；加强对数字出版发展中长期规划的协调和引导，以项目化为重点，注重规划的分步实施，确保规划落地生根，蓬勃发展；明确主攻的重点项目、产品、技术，以及重点措施和保障手段，大力提升出版业数字化、智能化水平。

二、聚集优质资源，注重知识服务

一是始终把内容作为出版核心。始终把内容建设放在第一位，把提高质量放在第一位，把多出好书放在第一位，推出更多优秀出版物，不仅是对传统出版内容的要求，也是对数字出版内容的要求。通过完成对原有优质出版内容的数字化升级，确保最重要、最核心的优质内容资源供给基础稳定、根基牢固。新生产数字内容更要始终坚持正确政治方向，牢牢把握内容导向，在判断把好基调、格调基础上，彰显充满挑战的、无可挑剔的、独具一格的高品质。

二是完成优质内容资源聚集。网络经济是规模经济。对于出版而言，网络为更大范围、更为全面、更为深入的内容集聚提供了实体出版无法达到的边界。内容为王，资源就是生产力，在出版融合发展时代凸显的作用更为明显。传统出版企业要立足优势，深耕专业，通过横向延伸、纵向拓展，加强外向联合，深化外部联结，整合企业内外部、国内甚至国外同类内容资源，打造内容资源库，实现聚合、聚能后优质资源的增值升值。

三是转型知识服务。出版向大众提供的是内容。正如剑桥大学教授约翰·B.汤普森所述："本质上，出版社从事获取内容的生意，以不同的方式增加内容的价值，以任何他们能制作的方式销售出去。"① 如何在数字化浪潮中赢得技术的优先使用权，在内容增值及市场增值方面占得先机、取得优势？"新技术的哪些方面可以帮助内容提供商为内容提升价值？哪些价值对于终端用户（或充当中间媒介的图书馆）来说是十分重要的呢？他们愿意为这些增值服务付钱吗？我们通过区分新技术能使内容提供商为内容增加实际价值的六个方面来回答以上的这些问题：（1）获取的便捷性；（2）可更新性；（3）规模；（4）可检索性；（5）互文性；（6）多媒体。"② 作为英国传媒研究专家，约翰·B.汤普森在《数字时代的图书》一书中对

---

① 约翰·B.汤普森. 数字时代的图书 [M]. 南京：译林出版社，2014：326.

② 约翰·B.汤普森. 数字时代的图书 [M]. 南京：译林出版社，2014：331.

技术、市场与内容增值之间交互关系的思考对于出版单位进一步探索知识服务与推动出版融合发展极具启发意义。

出版企业要大力利用新技术，通过加大知识服务研发资金投入，开发异质突出的特色产品，并举积累型和应用型知识，开放科研互通互联，实现聚集内容的增值升值，最终争取建立标准化、规模化的知识服务体系和收益体系。

三、加强投资开发，发展技术平台

当前，"互联网+"与各个行业的渗透关联度越来越高，平台化、智慧化不断渗入传媒领域，文化产业与互联网的融合程度越来越深，出版行业数字化进程越来越快，传统出版与新媒体融合发展的势头越来越猛。纵深推进出版融合发展必须与信息网络技术建立联盟，在出版与技术的双向互动中，深化具有鲜明出版产业特色的完善平台和应用升级。

一是优先发展自有效益突出型平台。要强力推进平台内容的垂直化程度，满足用户学习、分享、社交、互动、场景体验等深层次多元化需求，提供知识检索、文本挖掘、数据关联的便捷服务，迭代最新技术支撑体系，促进特点突出、适用性好、应用性广、效益率高的平台优先发展。

二是投资创新性足的数字平台。自建平台需要较大投入，面临前景不明的技术性风险和收益性风险。出版企业可发挥资本市场作用，借助资本力量，通过收购、兼并、重组等方式，投资那些操作更简单、使用更高效、创新能力更强、用户满意度更高的数字平台，嫁接自身优质精品内容，实现数字出版优先转型。

三是开放合作多元平台。传统出版企业要加强与互联网头部平台、知识付费平台、大型社交平台等不同平台的对接合作，借助合作平台批量用户链接效应、知识分享传播效应、产品形态不拘效应，根据自身聚集的数字出版优质资源的功能定位、目标定位、市场定位，结合合作平台先进技术与平台特点，针对精品内容特色和适宜销售渠道，设计电子书、直播、辅导、面授、在线问答等产品呈现方式，以个性化定制、流量变现化等运营模式实现社会影响力的不断扩大和经济效益的逐步提升，完成由传统出版商向知识资源提供商再至知识服务提供商的梯级转变。

四、树立用户理念，提升客户价值

正是由于高度重视技术平台发展与提升客户价值，不断加大知识服务的广度和深度，世界知名出版机构获得了巨大的数字出版收益。"培生"一向高度重视用户需求，为数字化学习者提供直接、轻松、便捷地查找、订阅、访问数字文本的服务，成就了自己的品牌价值、市场价值。"据爱思唯尔母公司提交的最新年度财务资料，爱思唯尔集团在2018年的收入增长了 2%，达到了 25.38 亿英镑（约合人民币 224 亿元）。"① 爱思唯尔母公司年度报告称，数字业务收入持续良好增长，公司将继续提升客户价值。爱思唯尔对数字出版业务与客户价值的推崇，对于传统出版企业推动融合发展具有很好的启示和借鉴意义。

一是始终以用户需求为中心。技术、平台、内容、管道在推进出版深度融合发展中缺一不可，但技术的服务对象、平台的资源集聚、内容的优质高端、管道的方便快捷，其最终的指向维度是用户。必须树立用户至上理念，在深入了解用户文化消费观念、心理特点、个性需求基础上，为用户提供数字化程度高、移动化运用便捷、信息含量精准丰富的优质精神文化产品。

二是重点服务目标用户。把出版分为教育、大众、学术三个领域是出版业对传统内容生产的基本定位，不同出版领域分别对应各自的读者群。互联网时代，知识生产过程、复制手段、传播途径已发生重大变化，读者概念发生"变异"，读者身份完成向用户身份迁移。为重点目标用户提供内容呈现形式数字化、产品运营模式特色化、知识获取便捷化、订阅收费合理化的优质服务，满足个体用户或机构用户购买知识、服务与不同类型融合出版产品的深层次需求，既是出版深度融合发展

---

① https://new.qq.com/omn/20190304/20190304A0V6K100?pgv_ref=aio2015&ptlang=2052.

的努力方向，也是融合产品实现收益的有效途径。

三是大力挖掘客户价值。当前，出版融合发展呈现表现形态数字化、阅读模式移动化、用户交流社交化等突出特点，知识呈现方式由文字向网络音视频、手机音视频、短视频、中视频扩散，直播用户、音讯用户、游戏用户、互联网电视增量用户都可成为数字出版内容的潜在客户。要想深度挖掘潜在客户最大价值，需要对准垂直细分市场，对标开发关联内容，启动客户消费能量，最大程度实现客户向使用者的现实转化，带动客户为优质内容付费的积极性、主动性。

五、丰富出版内涵，扩大融合边界

数字化对出版业的管理业务系统层面、内容管理和控制层面、市场营销和服务提供层面、内容递送层面带来深刻影响，出版业的内涵和外延已发生深刻变化。在保持纸质传统出版稳定增长和收入趋增基础上，以数字技术来拓宽收入管道和创造新的利润增长点，就必须重组出版基因，扩容出版能量，在更高层次上推动出版融合深入发展。

一是大力开拓数字产品。树立向数字出版优先转型理念，着力专业优势领域，加大数字出版投资力度与产品生产力度。利用技术工具加强数据库信息的分析，决策开发数字产品的精准性、适用性和可拓展性。对准教育、学术、大众出版领域中的细分市场，设计数字化分类项目，借助人工智能、大数据、云计算等技术，创新产品形态。尤其是要抓住近年音讯销售稳定增加、有声读物下载剧增、社交阅读成为潮流、视频直播效应巨大的强劲势头，优化供给内容，升级优质资源，引导用户终身学习，再造数字出版新业态。

二是积极推进版权衍发。出版企业最重要的活动是内容的获取、开发和修改。获得作者授权经过编辑加工的内容成为出版企业最重要的财产。当下，出版企业财产收益已远不限于仅以纸质读物形式出售的出版物，互联网时代赋予了这些财产无可比拟的潜在价值，版权资产衍生收益范围极度扩大。基于内容资源的不同形态，在畅销书原生版权基础上的直播、APP应用下载、微信公众号内容推送、粉丝社群集聚乃至影视、游戏、衍生产品等一系列延伸版权价值的开发，充分激活了内容的扩散性能量和最大化收益的可能。

三是推进全产业链融合。深入分析出版编辑加工平台、精品内容综合运营平台、云印刷决策服务平台、知识服务提供平台等出版产业链条相关平台的创新优势与特点功能，立足编印发全产业链条，在资源上线、机构入驻、流程衔接、收益分配、便捷用户上协力合作，构建主业地位更加稳固、主营业务结构更加合理、融合发展收入占比不断提升的一体化发展新局面。

六、创新体制机制，实现管理价值

出版融合的向度是多维的。如果说，出版与技术的融合旨在延伸内容生产价值、更新出版业态、建设出版服务平台，但其最终目的还是提升产品质量，创新产品种类，满足用户需求。而要实现纵深推进出版融合、更好满足市场需求这一目标，提高生产效率、创新生产机制与管理体制就更是不可或缺。

一是优化机制保障。以创新为导向，鼓励敢闯敢试敢干者敢于摸着石头过河，在融合发展中大胆探索，勇于实践。以机制为保障，发挥制度保障机制、绩效考核机制、薪酬分配机制、容错纠错机制的联合作用，为融合发展奠定坚强的机制保障和制度支撑。

二是强化项目带动。重点项目对于融合发展的带动提升作用十分显著。紧盯重点项目出台扶持政策、配套措施、资金支持，拓宽资金来源和管道，破解融合发展投资融资难题。要统筹整体、着眼重点、突出尖端，做好重点项目的规划布局，形成重点融合发展项目规划、储备、生产、营销、服务有序化推进机制；要在突出专业、凸显优势、注重效益有机统一基础上实施推进，做好重点融合发展工程的开发推广、应用试用、精准投送，实现社会效益和经济效益最大化。

三是重塑人才价值。人才为兴业之本，人才为发展之基。

要创造最优化环境,用足激励性政策,打通成长性通道,营造优秀人才脱颖而出的良好氛围。要体现效益优先兼顾公平原则,通过股权期权激励、产品实现价值利益、技术推广成果收益等,多方拓展收益构成,造就新型人才社会实现价值和个体成就价值。要抓住精品内容生产这一核心任务,借力技术支撑这一应用基础,通过实施编辑融媒体能力提升工程、数字出版人才培养工程等,借力数字出版与教育融合服务等平台的工具支撑,大力提升编辑一体化策划创意能力、新媒体产品编辑加工能力、集聚一流作者和精品内容资源能力、出版与市场融合能力及终身学习能力,为融合发展提供有力的人才支撑。

以单体社和国内外的出版集团融合发展实践为分析支点,就如何推进出版深度融合发展路径进行探索,旨在从个案出发探究行业趋势,从单体实践归集共性因素,由此进行的观照既基于个案又超越个案,借此可以透视出版行业积极探索融合发展的艰辛努力、实践成果、遭遇瓶颈与努力方向。

当下,数字革命为出版业注入强大变革动力,数字出版不仅成为出版业极为激烈的竞争领域,更成为出版业发展的坚强支柱。作为宣传文化领域的主阵地、主力军,高度融入数字革命浪潮,积极探索信息网络技术在出版领域的应用,已经成为出版业转型升级、提质增效、高质量发展的必由之路。推动出版融合深层次发展,将会使出版更好担当"举旗帜、聚民心、育新人、兴文化、展形象"的责任使命,更好发挥彰显主流思想价值载体的引领功能，更好形成产业发展新格局的重点突破，更好满足人民群众精神文化需求，更快推动我国从出版大国向出版强国迈进。

第四章 出版深度融合的进路

出版融合的系统推进与纵深拓展非为朝夕之功、一时之业,需要恒定心力、锚定重点,持续开展创新,蹚出一条适合我国出版国情的出版业高质量发展之路。在数字经济已然活跃的时代大潮中,出版供给侧的优质内容层次是否足够好,出版与数字业务相融合的新型出版业态是否丰富,软硬件基础形成的技术生产力关键要素作用是否发挥,平台建设开发是否独具特色,开展知识服务与商业运营的模式是否具有创新点,市场机制与经营管理的机制是否得以发挥,政策层面、人才因素的支撑保障体系构建如何,等等,都成为影响出版深度融合发展的重要关联因子。

在2021年10月27日召开的第十一届中国数字出版博览会期间,来自学界和业界的专家学者对推动数字出版高质量发展进行了深入交流。中国出版协会副理事长、社会科学文献出版社原社长谢寿光在演讲中说:"目前传统纸质出版仍稳稳占据行业的统治地位,各出版企业的营收主要还是来自纸质图书。中国领先的出版社数字出版收入占总收入的比重也达不到

20%，而发达国家出版公司这个比例大多在60%。"① 实际上，早在十年前，据统计，2011年世界6大出版集团的数字出版业务收入已占到其总收入的20%至30%。而当时在世界出版集团排名第一的培生集团营业收入为59亿英镑，其中数字化收入为20亿英镑，占其总销售额的33%。②

2021年12月，《出版业"十四五"时期发展规划》印发，在《主要目标》一节中提出："产业数字化水平迈上新台阶。出版科技创新与成果转化能力明显增强，数字技术赋能引领作用充分发挥，内容生产传播数字化水平显著提升，数字出版、按需印刷等新业态新模式更加多元，精品供给更加丰富，数字化营收占比持续提高，行业融合发展进一步深化。重点培育10家左右优势明显、传播力强、影响广泛的新型出版企业。"在第四部分《壮大数字出版产业》一节中提出："实施数字化战略，强化新一代信息技术支撑引领作用，引导出版单位深化认识、系统谋划，有效整合各种资源要素，创新出版业态、传播方式和运营模式，推进出版产业数字化和数字产业化，大力提升行业数字化数据化智能化水平，系统推进出版深度融合发展，壮大出版发展新引擎。"③ 通过着力推出一批数字出版精

---

① 左志红. 数字出版高质量发展呼唤专业人才队伍［N］. 中国新闻出版广电报，2021－11－01.

② 李婧. 中国数字出版前途光明　道路曲折［N］. 中国文化报，2012－07－21.

③ https://www.nppa.gov.cn/nppa/upload/files/2021/12/76aed0b1a2a60056.pdf.

品,大力发展数字出版新业态,做大做强新型数字出版企业,健全完善数字出版科技创新体系,以重大出版融合发展项目、数字出版内容精品工程、出版融合发展示范单位和大型数字出版平台建设、出版业科技与标准创新示范项目、报业创新发展引领示范工程为抓手,深化改革创新,转化增长动能,更好抢占数字时代出版发展制高点。《出版业"十四五"时期发展规划》还从出版经济政策体系、优化资金投入机制、强化出版技术支撑、加强出版人才队伍建设等方面进一步完善了数字出版高质量发展的保障措施。《出版业"十四五"时期发展规划》对数字出版的顶层设计和宏观部署,提供了方向性指引、目标化设定、战略性安排、工程化引领、项目化实施,为出版融合的进一步深入发展与系统推进明确了目标任务,数字出版进入新的发展阶段。

由此,虽然我国的数字出版与发达国家的相比还有不小差距,推动出版融合具有长期性、艰巨性,但是,出版业的持续繁荣,人民群众对日益增长的美好生活的追求与期待,全民阅读活动的深入开展,尤其是国家壮大数字出版产业的战略规划与实施的出版数字化战略,为出版业系统推进出版深度融合提供了新的发展机遇。出版企业要进一步深刻把握新时代出版业发展新任务的新要求,进一步深化对出版深度融合的认识,持续探索融合发展系统化、深入化的路径与对策,推动出版产业数字化水平迈上新台阶,出版深度融合发展达到新高度。

第一节　加快主体性深度融合理念建构

《出版业"十四五"时期发展规划》描绘了数字出版的五年蓝图，明确了出版融合的发展方向，指出了壮大数字出版主业的重要任务。"可是，在迅猛发展的新兴出版产业中，传统出版企业在其中所占份额实在是微乎其微，各种所有制的新兴文化企业不断抢占出版业的市场份额，所谓内容产业的'内容为王'自信，并没有在产业转型和市场竞争中成为事实，个中道理值得业界学界讨论、总结。"① 其中，作为出版企业的从业主体，尤其是作为传统出版中心环节的编辑主体，基于从事传统出版所形成的业务惯性、流程惯性、思维惯性的束缚，源于在传统出版领域尚可维系的经营与生存，面对数字技术与网络技术的剧烈挑战，深度融合理念尚未完全建立，忧患意识不强，推动融合出版的创新思维与求索精神不足。"对于出版业而言，融合创新思维是一种必然要求。首先，选择融合发展道路本身就是创新，是一种新的发展理念创新，意味着要居安思危，抓住融合发展的最后一次窗口机会，顺势而为，推动全行

---

① 聂震宁. 从智慧阅读看智慧出版转型［J］. 现代出版，2021（6）：5.

业融合发展。"①

在融合发展实践中,充分发挥出版人的主体意识,积极完成建构不同层面的从业主体对融合出版的理念认知,形成"融合"统领、内在于"知"、外化于"行"、知行合一自如自觉的深度融合理念,不仅不会不合时宜,而且已成为必要之举。

一、深化主体性认知是出版融合理念建构的起点

按照马克思的论述,主体性主要指人作为活动主体在对客体作用过程中表现出来的能动性、自主性和自为性。

在出版融合的实践中,实施主体能动性、自主性和自为性的作用同样不可或缺。更为重要的是,编辑是传统出版活动的中心环节。因此,编辑主体的出版融合理念建构就显得更为重要。为了制作更多的多媒体出版物、更优的数字产品,达到更快更广的传播效果,更好实现出版的价值、功能与作用,编辑主体就需要发挥自主性,并将自主性和自为性有效结合起来,以出版融合产品、出版服务为客体对象,通过在实践中鲜明的目的性、自觉性、选择性和自主性的张扬和认知,建立起出版融合的思维逻辑起点。

而在实践过程中,由于编辑主体所作用的客体——出版融

---

① 刘建华. 新时代出版业融合发展的十大落点 [J]. 中国出版, 2021 (16): 24.

合产品具有不同的内容形式、特点，每一种产品有其各自内在固有的规律性，主体性的发挥必然受到客体对象产品的制约。编辑出版融合实践中生成的多形态产品，与自然界中纯粹物质形态的客体已形成显著差异，它在充分尊重创作者的权利成果基础上，凝结着编辑的心血和汗水，体现着编辑的气质和精神，烙印下编辑的特色和个性。因此，新兴出版业态下的专业数字编辑就此孕育。这和传统出版结构中的名编辑塑造诞生异曲同工。

因此，无论是传统出版还是新兴出版，无论是纸质出版物还是多媒体出版物，编辑主体形成对数字出版与融合发展必要性、紧迫性的深刻认知是实践层面系统推进出版融合在思想理念层面的关键肇始。

二、掌握出版融合基本特点是编辑主体性实现的出发点

传统出版企业推进出版融合虽各有对策路径，但从更高层次与更广泛的范围看，出版融合依然具有其内在的规律性。按照马克思的论述，人的活动是根据"物种的尺度"即客体的规律和"内在的尺度"来实现选择的。虽然学界和业界对融合出版的精准定义尚在探讨，但是，对于融合出版广义与狭义的基本内涵已经形成较为一致的认识。因此，较为准确地理解融合出版的内涵，掌握出版融合的基本特点，不仅有助于构建出版

融合的理念，更有助于在深刻理解基础上更好地实现编辑的主体性。

狭义来说，垂直化、专业化优质内容的生产传播是融合出版的本质性存在，各种形态的融合产品出版和各种路径的融合出版探索大致相同。广义来谈，技术赋能、平台优化、全媒传播、智慧服务等是基于融合出版优质内容本质规定性上的外在形态特征与具体体现。基于此，在编辑主体的具体活动中，介入融合出版时的理念思考与实际施行就会围绕基本特点展开，内容、技术、平台、融媒、传播、营销、服务、知识等会成为打造产品时知行合一的起点。由纸质到多媒一线深度延展，或者纸质、融媒同步融入，或者生产、制作、营销多线并进，或者用户源头服务为先导等，编辑主体性的发挥有了更为多元的起点，不同闭环的集合、衍生、异构、复用不仅成为可能，而且孕育着融合出版的多样性和丰富性形态模式。

三、满足用户主体需求是编辑主体理念建构的目的和归宿

建构理念所形成的理性认知，并不是为了仅仅停留在思维层面，而是实现主体对客体的改造，实现主体的客体化和客体的主体化的有机统一。编辑的对象是出版物，出版物价值实现的指向是读者。融合出版过程中，编辑的最终指向是用户，编辑主体能动性创造的目的正是为了满足用户主体的需求。用户

在对融媒产品与数字出版物的认同中，通过自身主体能动性的发挥，在满足自身特定个性化需求的同时，对编辑主体的劳动成果已经开始了甄别、判断、评估，将产品的文本功用、知识功用、娱乐功用等主体认知，经过互动、反馈的多向通路，链接至编辑主体。用户实现主体需求的自我满足与编辑主体的能动性作用发挥得到了实现和检验，为未来阶段打造更优化的产品积累了用户数据。

　　编辑活动的客体是精神产品，编辑工作具有意识形态性、选择性、创造性和信息传播的中介性等特点。编辑主体担负着重要的社会职能，包括文化生产中的组织职能、文化传播中的选择导向职能、文化创造中的优化职能。编辑主体职能性的发挥不仅对于传统出版至关重要，对于数字出版同样重要。尤其是互联网成为思想传播的主阵地，出版作为巩固主流意识形态的主力军，更加需要编辑主体在推动出版融合发展的过程中，坚持正确政治方向，坚持以社会主义核心价值观为引领，提升优质内容生产能力与新兴技术应用能力，做新时代数字出版的探索者、实践者和引领者。北京印刷学院党委书记高锦宏提出："数字出版人才应该厚植民族情怀，与党和国家同心同德；扎根出版行业，与业态发展同步同频。具体而言，高校应该培养既能准确把握党对意识形态和宣传文化战线的总要求，又具备较高的专业素养和管理运营能力；既要对出版事业的责任和使命有所担当，还要对媒体融合的趋势和发展有判别；既有坚定理想信念，又具有媒体融合核心能力的应用型出版人才。"① 坚定过硬的政治素养，熟悉数字出版的高超业务本领，心系出版多出精品的责任担当，既是高等院校培养出版人才的着力点和落脚点，也是传统出版企业编辑人才成长锻造的立足点和主攻点，应该成为编辑主体建构出版融合理念的有机组成部分。

  当然，融合出版的实施绝不是仅由编辑主体承担的。企业经营管理者、新媒体营销者，为用户服务等关联出版融合活动的多个主体，都需要把深化主体性认知作为创新出版融合理念建构的起点，作为数字素养培养的起始。"要树立一体化发展的思维理念，以理念创新、思维更新引领内容、技术、业态、模式、管理、人才等的全方位创新，真正形成'你就是我、我就是你'的共识。"② 不同主体加快出版融合理念建构，形成共同参与、有效实施、协力推动的良好出版融合的演进方式和和谐生态。

---

① 左志红. 数字出版高质量发展呼唤专业人才队伍 [N]. 中国新闻出版广电报, 2021－11－01.
② 张建春. 坚持守正创新 以数字出版的高质量发展助力文化强国建设 [J]. 出版发行研究, 2021 (11)：5.

第二节　生产重塑优质高端数字内容

信息化时代还方兴未艾，数字化时代就已扑面而来。信息化是数字化的基础，数字化是信息化的升级。数字化已经多方位介入大众的生活，从智能手机、即时通信、电子商务到在线营销、在线教育、移动互联，再到"十四五"时期的数字经济、数字社会、数字政府建设，数字化带来的商业模式、产品形态、服务模式、营销渠道等方面的改变发生在各个产业领域。对于出版企业而言，对企业资源计划（ERP）、办公自动化（OA）、商业智能（BI）等基于信息化范畴，有关出版流程信息输入计算机进行相关信息处理的业务信息化工作已经基本完成。

传统出版商通常情况下不直接创造内容，而是在作者创造的内容中"放入了资本、专门技术和管理技能，它使得出版商向原始内容中添加了价值，这些原始内容由作者创造但是被编辑和生产过程选择、加工、修改和转化。出版商最重要的活动主要包含内容的获取、开发和修改。而这些经过适当的修改和转变的内容成为出版商主要的财产"①。出版商通过市场化的营销与优质服务实现最主要财产的最优价值选择。"但是数字化对出版业的潜在的转变要比这更深刻,因为出版业从根本上关心的是对字符内容进行数字形式编码。数字革命使得业界的很多人清楚认识到,他们所获得和开发的内容是他们的主要财产。"② 获取、开发和修改优质数字内容,是出版商在数字时代最要紧的任务和最重要的知识财产,是推进出版融合最基础的任务和最原初的生发点。正如佘江涛所说:"出版社的融合出版一开始就要和优势的传统出版紧密关联,从那里自然延伸、生长起来。"③

一、严把数字内容质量,打造内容产品核心竞争力

"数字未来"多年前已成为出版业热议话题,由数字革命引发的出版行业变革方兴未艾,但无论数字信息技术发展如何突飞猛进,"图书最有价值的部分是寄存在形式上的内容,而不是形式本身——因此,这就是数字革命的口号,'内容为

---

① 约翰·B. 汤普森. 数字时代的图书 [M]. 南京:译林出版社,2014:326.
② 约翰·B. 汤普森. 数字时代的图书 [M]. 南京:译林出版社,2014:326.
③ 佘江涛. 走向未来的出版 [M]. 南京:南京大学出版社,2021:50.

王'"①。立足优势,深耕内容,借力大数据、云计算、人工智能等前沿新兴技术支撑,深入推进数字出版供给侧结构性改革,实现数字内容的生产聚集,是出版融合发展的起跑线。

出版具有鲜明的意识形态属性,出版物不同于一般性的物质产品,有着自身独有的文化属性和产业属性,分明而确定的特性明显。通过一定的物质载体承载具有思想、知识或艺术等精神文化内容,是出版物最重要的特殊性特征。这一首要特征在相当程度上决定了出版物使用价值与社会效用关系上的特殊性,决定了出版物社会效益与经济效用关系上的特殊性。出版物的使用价值与社会效用并不总是呈现出同向正向互动作用,出版物的使用价值可能产生或正向或负面的社会效用。同样,出版物的社会效益与经济效益有时是统一的,有时是矛盾的。因此,坚持正确政治方向,是出版工作的首要基本原则。坚持把社会效益放在首位,实现社会效益和经济效益相统一,同样成为出版工作的基本原则之一。无论是纸质内容还是数字内容,无论是线上还是线下,都必须牢牢坚持。

"数字出版既有经济属性,更有文化属性和意识形态属性。发展数字出版,社会效益始终是第一位的。"② 推进出版深度融合,出版企业要加强对数字出版政治方向、舆论导向、价值

---

① 约翰·B.汤普森.文化商人:21世纪的出版业 [M].南京:译林出版社,2016:261.

② 张建春.坚持守正创新 以数字出版的高质量发展助力文化强国建设 [J].出版发行研究,2021(11):5.

导向、文化品位等内容质量的把关引导，做到线上线下底色不变、底线同一，为大众提供导向正确、质量上乘、格调高雅的数字内容精品，提高数字内容产品的核心竞争力。把在传统出版方面严谨专注、精雕细琢的工匠精神发扬到数字出版产品的生产方面，加强优质内容生产，不断提升内容品质。利用数字技术集聚优质资源，把数字内容生产放在重要位置，实现内容服务的升值增值与内容资源的数字化传播。通过由传统单一内容提供商，向新型内容知识信息提供商、服务商转变，实现一次知识生产多次多向收益。顺应出版形态数字化趋势，基于重点方向的专业知识领域，有效整合海量优质内容资源，通过搭建平台、建设数字图书馆和出版专业数据库、提供精准化个性化解决方案等，深挖内容价值，供给知识内容，满足不同用户对积累型、应用型知识的不同需求，构建知识出版新生态，创造知识服务新价值。

二、深耕垂直专业领域，加快建设原创数字出版内容

原创出版水平高低是衡量我国出版业是否繁荣发展的重要标志，也是反映一个出版单位能否持续健康发展的重要标尺。重视原创、抓好原创、鼓励原创，不仅是做好传统出版的本质规定，也是做好数字出版的必然要求。时下，全媒体的快速发展给出版生态与传播方式带来多重影响，出版信息内容资源的发布主体更加多元，各种移动信息客户端和各类社交媒体使得

信息获取的便捷性、即时性、高效性空前增强。与此同时，具备多媒体化特征、以网络化传播为主渠道的一些数字内容质量良莠不齐，呈现出同质、平庸、模仿、炒作、低俗以及机械化批量制作的样态，原创优质数字内容资源仍然较为稀缺。出版单位需要立足专业定位，强化产品链条建设，大力开发具有自主知识产权的、原创的、专业的数字内容产品，坚定不移地走专业化、特色化、精品化、创新化的发展道路，建设适合网络传播的高端原创数字出版内容，激发出版融合发展的内在生机与充沛活力。

三、精准对接用户需求，不断强化优质内容资源建设

技术是迭代的，内容是根本的，用户是至上的。出版的核心是内容，出版的生命是质量，出版的服务对象是用户。出版单位在推动出版融合系统深入发展的进程中，需要把精品内容建设放在首要位置，始终坚持质量第一。"在推进融合发展进程中，出版界要始终坚持以人民为中心，牢固树立精品意识，将更多精力、资源投向内容生产，深耕优质内容，倾力打造更多思想精深、创意精彩、技术精湛、制作精良，'两个效益'俱佳、叫好又叫座的出版精品。"① 还要通过领先技术与优质

---

① 郭义强. 深化出版融合，推进行业高质量发展［J］. 出版发行研究，2019（9）：6.

内容联姻，促进数字出版优势资源整合，推动出版融合发展向高质量、高水平、系统化、深入化迈进。同时，要精准对接人民群众日益增长的美好精神文化需求，精准对接服务用户，加大数字出版物的有效供给，出版更加丰富多样的优质数字知识产品，带动出版融合发展与服务民众水平的进位升阶。

四、拉长内容产业链条，积极扩大版权倍增与 IP 孵化

5G 牌照发放带来的广阔应用前景与巨大潜力，人工智能对构建新型商业生态的日益深度应用，大数据对用户对象的精准勾勒等，新兴技术在出版融合发展中应用日益深入，从不同层面拓展了出版融合创新发展的新维度，也为出版业最为重要的、优质的、原创的内容资产进行版权倍增与 IP 衍生扩大了边界。2021 年 6 月，迪士尼宣布："旗下全球出版事业部（Disney Publishing Worldwide，DPW）将组建全新的亥伯龙出版公司（Hyperion Avenue），目标直指大众成人书市场。……据 DPW 的官方声明显示，亥伯龙出版公司除了图书出版外，最重要的是推进图书版权衍生开发业务，寻找挖掘优质原创内容以供迪士尼公司进行游戏、影视、流媒体内容等产品开发；以及运营该公司拥有的经典文学作品，出版由不同作家编写的新版本，

并进一步带动内容的影视、游戏、流媒体开发。"① 迪士尼对图书内容知识产权的资源价值、聚拢用户、挖掘市场方面的潜力极为重视,高度深化和延展了出版业的配置效能。

由优质出版内容扩容拉长的产业链条在进行界限跨越、形态更新、增值升值的同时,将延伸触角不断蔓延,跨品类、跨场景、多业态的立体化、全媒体、矩阵式全方位布局,不仅更新了优质内容的有声、网络、多媒体出版形态,而且使得影视生产、电子竞技、衍生产品、IP 开发的版权价值充分释放,真正唤醒了内容的内在使用价值。数字技术改变了出版行业依靠纸质出版收益的基本格局,创造了内容生产、传递、提取、阅读的新方式,提供了产品、用户、价值、收益的新模式,探索了出版融合发展的新样态。

第三节 加速技术革新应用

新一代信息技术革新对传统出版生态与要素组织方式带来飓风式影响,传统出版编印发的单一直线式生产被立体多媒的数字化生产重塑新格局,内容多维创意、产品多重开发、形态

---

① 迪士尼将组建新公司重回成人书市场 [M]. 出版商务周报,2021 - 06 - 13.

多样呈现、渠道多向分发等数字化环境下内容生产传播的一体化趋势既为出版业发展提供了无限可能，又是出版业深度融合的必由之路。

一、提升技术敏感指数，加快产业运用推广

近年来，新科技产业发展极为迅速，大数据、区块链、脑科学、机器人、物联网、人工智能、深度学习、量子通信、虚拟现实、增强现实等重大、高端、前沿的创新科技成果不仅影响着数字时代的产业发展和市场规范，更在重塑未来的国家竞争格局。发达国家尤其是美国，作为全球科技创新最为活跃、科技成果最为前沿、科技转化效率最高的科技强国，在重点创新、创业领域不仅积累了最具前沿性和领导性的科技资源，而且以创业生态的优质培育、强大领先的创造活力、丰硕尖端的创新成果，建构了美国作为全球创新创业的高峰位、新科技新产业的制高点、科技创新应用新潮头的创新霸主地位。"近年来，美国创新创业进入所谓的'新硬件时代'，热点领域开始转向以物联网、大数据、云计算为支撑的新硬件设备及相关服务，主要集中在三大领域：一是基于传统互联网技术的延伸和拓展……二是智能硬件。……三是生物（医疗）科技。"[①] "与

[①] 中国社会科学院工业经济研究所未来产业研究组. 影响未来的新科技产业 [M]. 北京：中信出版集团股份有限公司，2017：20.

此同时,由于这三大领域与应用层面结合得甚是紧密,使产业化周期大大缩短,所以带动商业模式重构和消费升级的作用更为显著。"①

在我国,早在2018年底的中央经济工作会议上,就提出要"加快5G商用步伐,加强人工智能、工业互联网、物联网等新型基础设施建设"②,把新基建提升至我国经济发展中的战略地位。"新基建的本质是信息数字化的基础设施,其范围涵盖了5G基建、特高压、城际高速铁路和城际轨道交通、新能源汽车充电桩、大数据中心、人工智能、工业互联网七大领域,并且更加注重科技端的创造研发与技术支持。"③

无论是美国"新硬件时代"三个主要领域的集中发力,还是我国对七个新基建的战略定位,其中,互联网技术延伸和拓展、智能硬件、5G、大数据中心、人工智能、工业互联网等新技术都会对出版业产生重大影响。出版业的高质量发展必须对技术的必备要素进行吸纳、运用、融合。因为,"一项新的技术,谁受益更多?近水楼台先得月,一定是那些能够优先利用、充分利用这项技术的人"④。

身处数字时代的出版业和其他产业一样,同样在急速经历

---

① 中国社会科学院工业经济研究所未来产业研究组. 影响未来的新科技产业 [M]. 北京:中信出版集团股份有限公司, 2017:21.
② 中央经济工作会议在北京举行 [N]. 光明日报, 2018-12-22.
③ 盘和林, 胡霖, 杨慧. 新基建:中国经济新引擎 [M]. 北京:中国人民大学出版社, 2020:3.
④ 田松. 互联网的STSE [J]. 读书, 2021 (8):3.

新技术由实验室阶段到产业化应用的快速周期。外在环境的深刻变化与技术的新引擎作用,要求出版业在被新技术裹挟向前的滔滔洪流中,必须首先要保持对新技术尤其是人工智能、区块链等颠覆性技术的高度敏感性,紧盯技术前沿,瞄准与新闻出版生产、传播领域有关的前瞻研究和前沿应用,把握提升技术运用、技术管理和技术创新能力。其次要增强充分运用数字技术的前瞻性,主动适应出版新业态、新模式、新消费变化和网络化、移动化传播方式,在内容表达、流程再造、表现形式、触达渠道、阅读体验等方面创新突破,实现传统内容的数字化呈现与精准化推送,扩大出版的边界与价值,以技术驱动引领出版深度融合发展。

二、优先使用数字技术,提高内容附加价值

数字技术对传统出版内容生产这一中心环节产生了重要影响,深入思考技术与内容之间的互动反应、不同类型内容与终端用户的适配需求、技术应用成本与知识服务的增值效益等,是出版业融合发展无法回避的问题。

传统出版企业需要加快技术创新与出版内容增值的有效结合,找到技术发展与出版产品的契合点,以技术引领产品形态变革与内容的数字化呈现形式。在提高优质内容附加值方面,出版企业要完成由被动适应造成的技术疏离到善用网络新技术转变,通过内部技术培训攻关、外部技术多向合作,打通出

版、技术隔阂,加速、优先使用大数据、人工智能等技术,实现出版内容优势与技术优势的融通,提升出版融合整体水平。出版单位从业主体,尤其是编辑主体、营销主体,要快速适应读者数字化阅读的趋势,熟悉各类阅读终端设备、APP的应用,通过内容与技术的相互支撑、技术与产品的良好适配,有效运用数字技术创新内容表达,做到一个内容多种创意,一种创意多次开发,一次开发多种产品,一种产品多个形态,实现数字内容的多样化呈现、立体化传播、多终端分发。出版商还要通过确定技术应用范围,集聚优质数字内容资源,适应网络出版环境,考虑移动优先传播,实现技术在出版业的良好应用与精品内容的有效增值。

三、加快推动出版融合技术创新,实施重点工程项目

出版融合发展重点实验室、出版业科技与标准实验室多是由出版企业与高等院校、科研机构、科技企业联合共建的。要充分发挥国家重点实验室的功能,通过建设行业重点实验室、协同创新平台、技术研发平台,促进实验室紧密关联出版业的科技成果的高效转化和产业应用。出版业行业重点实验室要充分发挥技术集成攻关作用,在技术的聚合性、整合性、标准性、共享性上下工夫,加强新兴技术出版应用研究,攻克关键技术难点,争取实现关键核心技术突破;加快推进全媒体时代应用基础技术研究研发、前沿技术发展在出版融合中的作用;

有效运用数字技术进行内容生产传播创新，建立适用广泛、操作规范、效果突出的统一技术标准体系，通过数字出版基地（园区）与出版企业的试点应用和示范引领，推进国家数字出版标准体系建设。

实施数字出版重点项目与重大工程，以项目发展带动出版融合高质发展。通过实施出版融合发展工程，在重大出版融合发展项目、文化传承融合出版工程、数字出版内容精品工程、出版融合发展示范单位和大型数字出版平台建设、出版业科技与标准创新示范项目、报业创新发展引领示范工程以及新闻出版改革发展项目库入库项目等国家级数字出版重大工程与重大项目的推进，发挥其在产品形态、服务模式、成果应用、实现路径等方面的创新实践与服务支撑，体现重点项目工程在出版深度融合发展的引领功能与带动效应。而出版企业作为加快推动出版融合技术研发应用的创新主体，要充分释放主体活力，遵循市场导向，与高校、科研机构和科技企业加强深度合作，注重产学研用的有效衔接与良好适配，将研发的科技成果在出版业加以广泛推广应用。

四、掌握关键生产节点技术适用性，提升产品服务水平

传统出版企业的数字化转型战略期冀以新兴技术赋能优质内容的数字化，这也是出版融合的起点。与此同时，内容的数

字化过程其实亦是出版产品和服务的数字化形式逐步明晰的过程。也就是说,单纯的内容数字化如果一开始不与产品、服务的数字化统一规划与进行融合,内容的价值和效益是无从实现的。出版提供的是精神产品,数字化出版使得以书籍作为基本呈现形态的出版物发生了向多媒体出版的迁移,数字出版产品更多以无形的形态来提供知识和产生价值。以此为原点,基于书籍的服务与基于数字出版产品的服务也发生巨大变化。知识音频、智能解答、精准需求解决方案等就是基于数字产品和在线服务的融合体现。数字出版导致了出版产品和服务形态的变化,而产品和服务是企业创造价值的最重要部分。譬如,传统出版企业就是通过发行图书这一基本产品,并由读者完成购买行为实现价值的,围绕图书开展的宣传、营销、服务等就是出版企业运行的基本的商业模式,也是企业创造和实现价值的基本形式。而在数字化出版的现实语境下,出版产品和服务之间的楚河汉界正在趋向融合,数字产品与数字服务捆绑得越来越紧密,两者互相融合的程度越来越深入。

由于产品和服务变得如此重要,出版从业者尤其是编辑人员需要强化技术思维,深入了解技术对自身所在生产环节关键节点位置的关键支撑和提升作用,积极转变角色,快速学习适应,实现互联网生态下从策划编辑向产品经理的转变,以产品思维打造融合出版产品。"产品思维就是一个人打造产品的思维方式,包括判断信息、抓住要点、整合资源,把自己的价值打包成一个产品向世界交付,并且获得回报。"① 把图书作为产品打造,改变了传统出版流程下编辑完成策划出版图书后随即转身而将营销交付发行人员的阶段性行为,而是要求编辑化身数字时代的经理角色,进行客户信息计算机化处理,能够对用户数据进行挖掘分析等,以精准搜集用户信息、需求,勾勒用户画像。在此基础上,以同理心发现用户痛点、需求点,以较为准确的判断选好切入点、生发点,以满足用户需求来做好设计点、创新点,以产品的最佳适用性追求最优体验点、服务点,从而使得图书产品无限贴近用户需求。产品经理需要与用户不断建立连接、进行交互、实现反馈,进行产品的迭代优化和服务升级。由传统编辑向产品经理的华丽转身,使得数字时代的编辑真正成为出版产品全过程的领航者、参与者、实现者、服务者,在编辑主体端一体化内容的策划者、生产者、传播者、受益者。

毋庸置疑,数字出版不能仅仅依赖编辑主体,出版生产链条上的多个参与主体,如出版企业内部的经营管理者、专业营销者、从事新媒体的业务人员等,也都要服从出版企业的数字化战略,加快熟悉技术在自身从事生产链条节点的良好适用和可供服务,完成产品思维和服务思维转变,全方位提升融媒出版物、数字产品的设计、生产、分发的价值水平,以产品和服

---

① 陈雪频. 一本书读懂数字化转型 [M]. 北京:机械工业出版社,2021:139.

务的优质化,实现融合出版商业模式和盈利模式的多元化,切实提升数字出版的营业收入和利润水平。

第四节 做强做优平台出版

互联网与文化产业的渗透关联度越来越高,平台化、智慧化、交互化应用场景不断渗入传媒领域,传统出版与新媒体融合发展的进程越来越快。出版融合高质量发展需要与信息网络技术、数字技术建立联盟,在出版与技术的双向吸纳中,深化具有鲜明出版产业特色的平台完善和应用升级,特别是通过强化平台建设,大力推动平台型出版,提升知识服务水平。

一、以平台思维构建数字出版路线

积极实施和组织数字化战略是传统出版企业转型升级的必由之路。进行数字化转型既是出版企业未来发展的基础支撑,也是提升传统主营业务的必要手段。

(一)树立平台思维

系统推进出版深度融合,支撑出版企业良好、可持续地进行数字化高质量发展,首先需要树立平台思维。"企业数字化转型的关键在于以平台思维构建系统。"在互联网的体系内，钟华认为："所谓'平台'，就是给存在相互影响和依赖的双边或多边群体提供一个空间（或系统），满足不同群体在这个空间中的利益，相比传统 IT 系统最大的差异是访问空间（或系统）的群体之间构建起了网络效应。"① 基于平台思维的互联网平台构建是企业在"在线"状态下扩大网络效应需要优先建立的思维方式。

(二) 建构核心功能

在平台思维的前驱作用推动下，不同行业的平台构建会有所差异。对于出版而言，"数字化出版需要强有力的平台体系支撑。数字化出版本身就是依赖平台而诞生的"②。出版业的平台系统，或者说平台建设基本要素的构成，一定是建立在出版业的行业特征基础之上的。在生产过程中，围绕优化出版核心业务——内容的策划研发出版服务，首先是平台构建的主要内容。着重出版自身的重要业务场景，通过平台功能构建，实现出版数据，包括作者资源、用户触点、版权信息、市场数据、出版资源要素交易服务等数据的归集、分析，高效生成数据能力与数据价值，是平台构建的重要目标。

---

① 钟华. 数字化转型的道与术：以平台思维为核心支撑企业战略可持续发展 [M]. 北京：机械工业出版社，2021：17.

② 佘江涛. 走向未来的出版 [M]. 南京：南京大学出版社，2021：141.

(三) 课堂协同开放

平台构建的路径指向对象应为用户，注重用户的最优化体验与最佳化使用是平台构建的基本原则。失去了对用户角度的考量，平台构建就是缺位的、不完整的构建。现有部分出版企业的平台建设已经初具规模，对主业业务具有了较好的支撑作用，但是，在内容资源的共享互通复用、关联出版业务的快速响应、产品服务的有效联动等方面，仍然存在不足。为出版内容生产核心的创新需求，为出版流程再造优化提供高效快捷的支撑，是平台构建建立业务链接时需要考虑的出发点。另外，平台与出版产业链上相关企业的网络协同，对未来用户使用个性化和业务拓展需求的前瞻性设计，以出版核心业务为基础的组织架构，基于平台能力与合作伙伴的开放共建性等，亦是平台构建需要进行思考的侧重点。

平台构建是一项系统工程，以平台思维为引领，以互联网技术、新兴信息技术在出版业的应用为支撑，以知识产品的生产服务价值实现为核心，以用户最优体验为目标，推动出版企业数字化战略更好地实施，实现出版企业的平台化转变、平台化发展，乃至成为平台化、平台型出版企业，既是出版单位平台构建的主要任务，也是实施数字出版路线的需要采取的对策之一。

二、加快业务平台建设

传统出版编印发的业务发生流程可以为数字出版平台建设提供基础借鉴。不过，传统出版企业直线式的生产流程、疏离用户隔离的产品鸿沟、销售渠道的固化影响，如果不加以突围，也会形成数字时代平台构建的障碍，限制出版企业家业务平台建设的视域。如何立足出版行业特点，借鉴互联网平台优势，通过新兴技术应用，建设具有核心竞争力的出版平台，实现出版单位沉淀积累、原创研发、创新更新内容的社会价值与经济价值，是平台建设的重中之重。

（一）搭建数字内容生产平台

拥有丰厚优质的数字内容资源是出版企业实施数字化战略的核心工程。通过优化内容生产流程，提升数字化内容生产的数量、质量、结构、产品形态，为融合出版的长远健康发展奠定坚固的数字内容"地基"。目前，一些传统出版企业的出版业务流程与内容生产模式依然较为传统，集选题策划、在线协同编辑、数字内容结构化加工、全媒体资源管理等于一身的一体化内容生产平台还没有完全建立；基于优质内容资源聚集，通过实施出版流程再造，实现数字内容生成的实时性、数据化生产还没有实现；专业用户参与内容生产的程度不够深入。通过搭建内容生产平台，来提升内容生产流程、模式，实现产品的创新、升级，是推动出版融合的基础工程。国内外有一些公司已经研发出较为先进的技术软件系统，能够为出版企业进行数字化内容生产提供平台支撑。Adobe 公司推出数字出版平台（Digital Publishing Platform），通过数字浏览技术（Digital Viewer），该平台可以方便快捷地为出版商提供由传统内容发布向互动化数字媒体发布的数字化转换，向手持平板电脑、电子书、智能手机等终端设备的用户提供数字阅读服务。方正公司开发的数字内容生产线通过运用智能审校、智能排版、智能比对进行稿件预处理、自动提取修订记录等辅助编校，并以定版排版文件为基础，生成输出印刷版 PDF、低精度版 PDF、EPUB 电子书、WORD 文件、XML 文件等多格式数字产品，相较于传统纸质出版物的出版生产，为数字资源的复用、再购、重组奠定了基础。同时，方正的数字出版产品线可以联通出版企业内部 ERP 系统，加强在线工作协同，在出版任务统计、产品数据分析等方面提升内容生产效率。在数字内容生产平台搭建上，出版企业也可根据自身业务特点，自主或联合开发适应性更强、处理业务流程更为专业、高效的内容生产平台，真正研发生产基于平台体系、平台出版的优质数字内容。

（二）建设知识服务平台

"知识服务就是以知识搜集、组织、分析、重组的创新和服务能力为基础，根据用户的问题、环境，参与到用户解决问题的整个过程中,提出有效的知识应用与知识创新服务。"[1]知识服务平台就是要基于知识服务的集成性、个性化、技术化、智力性特点,建设一个为知识应用者与知识创新者提供新业态知识内容和形式相统一的高效化、精准化、场景化、融合化、去中心化的平台。这是数字出版的重点,对于专业出版和教育出版更加重要。

知识服务的平台以数字内容资产为基础,包括电子书、有声书、数据库、播客、以模拟和数字格式的跨媒体视频、角色产品,还包括在线课程、微课、教学 PPT、VR/AR 立体资源、与智能设备相结合的分级作业簿、运用人工智能开发的自适应学习材料、数字教科书,数字学习资源包等。开展知识服务既可以通过自有在线平台来提供,也可以通过对外开展合作平台来实现。在平台服务方式上,以数字教育出版为例,出版企业应基于数字内容和技术支持的结合,提供核心学习解决方案,以满足用户的适应性学习需求。针对教师而言,数字教学助手,在线按需服务,测试评估,个人资料,数字教科书,三维模型形式的可视化复杂和抽象主题软件,可自定义插入文本、配乐,流媒体的订阅与使用服务等,则是为教师开展知识服务的应时之需。还要考虑个人电脑、平板电脑、智能手机等不同终端设备的特点,基于不同的系统支持,提供数字化教育内容

---

[1] 杨海平. 关于专业出版领域知识服务的思考 [J]. 出版商务周报,2021-09-05.

的学习供给与知识传递。

当然，受数字化技术驱动的用户消费不仅仅体现在教育出版领域，进行数字内容的研发出版服务，以不同媒介、渠道深度挖掘知识产权效益，实现 IP 资源的线性、网状辐射延伸，为用户及时化、个性化地持续地在数字设备上选择、转换、消费内容，提供最为优化、便捷的方式，同样是大众出版和专业出版进行数字出版开展知识服务的重要基点。这其中数字版权的集约化、系统化归集非常重要。出版企业要通过自身获取、外向合作、用户内容生产等多种形式，大力加强对数字内容产品、知识服务产品等数字版权的获取、积累、管理、开发力度，系统化、立体化构建垂直领域、专业领域的版权资源，为数字平台的服务运营激活盘活版权资源和资产，化版权优势为服务优势。

（三）打造新型传播平台

充分利用新兴数字技术革新对出版带来的颠覆性、革命性变化，对接延伸做好由"出版+互联网"向"互联网+出版"转变工作。也就是说，出版融合传播的推动应是基于互联网思维、平台化思维，以建立新型传播平台、充分考虑移动化传播为基石。在这一过程中，出版产业链条上的不同链接点，出版商、发行商等不同行业主体，应基于自身生产特点与在出版产业链条中的区位、段位，对标优势、对位目标、对应产品、对路服务，努力探索内涵式增长、有益式转变和可持续发展。

推进出版融合系统深入发展,需要促进技术与发行、技术与传播的深度融合,通过打造具有领先优势与主导地位的龙头型、领军型发行企业,大力提升融合传播水平。传统出版行业经过多年深耕细作,一批具有内容作者资源优势与数字出版资源优势的实力型、品牌型企业已具有广泛的市场影响力,要把自身聚集的资源优势转化为融合发展的竞争优势。特别是一些有实力的大型发行集团,要充分利用大数据、区块链、人工智能技术创新,不断完善自建销售平台、电商平台功能,积极探索互联网环境下出版物的连锁仓储、物流配送、流程重建、存量激活的新型服务与经营体系,大力加强新华书店网络发行能力与网上传播主渠道建设。慎海雄指出:"全媒体时代,应奋力推动'技术+艺术+思想'的融合传播,让主旋律作品'破茧''出圈',实现传播力影响力最大化,实现两个效益大丰收。"① 这是新时代新闻出版业推进媒体融合纵深发展、创新实践的着力点,也是出版行业领军企业义不容辞的责任。

三、务实开展优质合作

数字内容生产平台、知识服务平台、新型传播平台等不同业务层面的平台,包括基于企业业务特点和发展需求的数据中

---

① 常湘萍. 聚焦 2021 中国网络媒体论坛:领航新征程 澎湃正能量[N]. 中国新闻出版广电报,2021-11-30.

台与业务中台,虽然都是基于传统出版丰富的业务场景,是平台化发展方向的着力点,但都离不开技术能力的支撑。成为平台型企业是数字化发展的目标,需要科技赋能数字出版的加速度。在做强做优平台出版的过程中,运用最先进的高新技术成果,研发最为高端的关键技术,进行平台设计打造运维,这对技术储备、研发力量较为薄弱的大多数传统出版企业来说是相对困难的。实际平台建设推进过程中,可以采用更为宜用适用的策略。

(一) 重视自有平台建设

有实力的出版集团或出版单位立足自身实力,可以设立科技型子公司,在能够加大核心技术研发的基础上,首先要高度重视自有技术含量高的可控性平台建设。尤其是传统出版企业作为优质内容的生产者与提供者,建设数字化生产加工的内容平台,就更为自然、迫切、必需。大力发展技术支撑扎实、特色明显突出、收益模式清晰的自有可控平台,应该成为出版企业平台化出版的努力方向。基于互联网的出版平台,"它是将互联网关联的数据、信息、知识的提供者与接受者集合到一起,平台的创建者——出版商通过提供多样化的服务促进平台上不同群体的高效互动,从而创造新的知识价值。可以说,出版平台是互联网平台的一个小小分支"[①]。以互联网思维建设

[①] 耿相新. 论平台型出版 [J]. 出版科学, 2018 (1): 11.

自有平台，能够使得出版平台更加适合出版业自身的核心业务模式，更优服务用户，更好实现平台价值。

（二）积极开展对外合作

数字出版的快速发展离不开技术商提供的服务，尤其是在进行平台建设的过程中，专业从事数字出版平台技术研发与应用的技术提供商，实际上在直接或非直接参与数字内容的出版、发布的形式，在数字出版产业链中发挥着重要作用。一些技术上领先的多媒体和数字出版技术开发商及服务商不仅能为传统出版商提供数字内容的生产加工、在线发布传播、技术服务支持，还因其自身有强大的技术研发、应用、服务能力，占据了内容集成、平台开发、产品服务等主要业务构成与营收占比，形成了由技术商主导数字出版产业链的"赢者通吃"效应，挤压了传统出版商的生存空间，以至于有研究者说道："在接下来的数字经济时代，80%的传统企业将会转型为科技公司。"[1] 这充分说明互联网技术对企业数字化转型的重要支撑作用。因此，传统出版企业需要基于内容资源优势，积极扩大优质合作，选择运用合适技术，选准科技伙伴，通过技术外包、技术共建、投资并购等方式，建好应用场景广泛、用户黏性高、创新研发后劲足的合作型平台。而在新型营销传播平台

---

[1] 钟华. 数字化转型的道与术：以平台思维为核心支撑企业战略可持续发展 [M]. 北京：机械工业出版社，2021：8.

建设中,把自主可控和对外合作有机结合,于技术、渠道等方面与互联网商业平台开展优质、对等、共赢合作,从而不断强化自有网络营销传播平台的传播效果,积极运用好商业平台的传播效应,掌握发展与传播的主动权、发言权,使得出版企业主导的传播平台真正成为互联网营销主战场的主力军、互联网优质内容传播的主阵地。

基于此,通过推动自有或合作平台的良好进展,在生产流程再造、数字产品形态、传播效果方式等方面持续创新,以此形成平台型出版或平台化企业的模式或基础,即基于自身品牌专业优势,有效聚集整合海量内容资源,形成行业影响力强、知识服务精准的专业数据库、出版平台与网上图书馆,在平台服务、信息服务、知识服务、检索服务及为用户提供个性化解决方案服务等方面,以平台化彰显数字出版的发展优势促使出版业态的不断升级,最大程度实现通过平台建设达到预期或超预期的价值与目标,为出版融合注入长足动力。

"总之,平台型出版将成为未来出版业的引领者,或者说,以出版物产品为主导的传统出版向以汇聚海量创造和使用内容群体为主导的平台型出版转型,将成为未来出版业的主流,此一变革,是出版历史的必然。"[1] 这是出版产业数字化和数字产业化的要求,也是大力提升出版行业数字化、智能化、数据化水平的基础路径之一。

---

[1] 耿相新. 论平台型出版 [J]. 出版科学,2018 (1):13.

第五节　优化数据要素资源价值

数字时代来临,使得数据的价值越来越凸显。2020年3月,《中共中央 国务院关于构建更加完善的要素市场配置体制机制的意见》颁布。本《意见》首次将数据与土地、劳动力、资本、技术要素并列,提出从推进政府数据开放共享、提升社会数据资源价值、加强数据资源整合和安全保护三个方面,加快培育数据要素市场。数据就是资产,数据就是效益,"数据成了生产资料,也是自然资源"[1],数据成为了促进数字经济发展最具时代特征的关键生产要素,成为了引领数字经济深入发展的核心引擎。数字时代的数字出版要求出版企业充分积累出版数据,大力激活数据要素潜能,丰富拓展应用场景,把数字技术与出版产业相结合,把数据生产要素效能发挥与提升数字出版产业水平相结合,不断放大数据价值,实现数据价值倍增,优化数据要素的生产率、收益率。

---

[1] 王坚. 在线 [M]. 北京:中信出版集团股份有限公司,2018:258.

一、规范行业数据服务

从产业主体看,出版业的数据分散在出版产业链的上下游,出版商、发行商、电商平台、馆配商、图书馆、科研机构等参与出版业生产、消费的不同主体各自掌握分散的、独立的与出版相关的不同数据。地方限制、区域壁垒、行业藩篱的界限与围墙难以打破,使得数据的共享、交换出现障碍。从组成类别看,包括生产数据、内容数据、发行数据、用户数据、管理数据和产业数据。从数据采集标准看,目前国内出版业尚缺乏一个统一、规范的大数据标准体系,造成在出版业数据的采集、加工、应用等服务体系不太健全。从产权属性看,出版数据的所有权、使用权、管理权、收益权等权利的主体尚不明晰,数据的发布者、使用者、管理者等不同利益主体的权利约束和权利分割还不清楚。加上数据要素(产权)对技术系统与平台有强烈的依赖性,脱离了技术与平台支撑,数据的产生、发布、存储、分析、价值就难以实现。出版企业在与第三方开展技术或平台合作时,依赖合作平台产生的数据,在数据分析使用、数据产权归属等方面存在分歧,尤其是出版企业的最核心资产——内容,亟须进一步完善数字内容的权属界定、权利利用、收益分属等基于著作权、知识产权保护基础的法律、法规,为出版业大数据产权配置、应用服务、权益收益制定清晰的规则,为主体方、责任方的权益和责任明确清晰的界限,加强数据要素培育，加快明晰数据要素市场化的改革方向。

健全出版业行业数据的采集、加工、分析、应用、交换标准体系，加强对数字内容版权、数据内容著作权的立法保护，充分发挥出版行业数据的共享、合作、交易价值，是优化数据要素资源价值的基础工程。《出版业"十四五"时期发展规划》提出："推动建立行业数据服务规范，构建出版行业数据服务体系，开展面向政府、企事业单位和个人的数据服务。"[①]这里明确了"十四五"期间出版行业数据建设、应用、服务的工作目标与重点任务，数据要素将在数字出版高质量发展中充分发挥重要作用。

二、提升数据资源处理能力

目前，就出版企业而言，一方面，基于传统业务流程编印发环节的数字出版的流程差别造成数据类型差别，形成的数据类型复杂多样，而且多为原始的、离散的非结构化数据。以文件格式大致进行分类，就有文本、音频、视频、图片等不同数据类型。文本数据类型有 DOC、PDF、TXT、RTF、DC 等；音频数据类型有 MP3、AIFF、MIDI 等；视频数据类型有 MP4、MPEG、AVI 等；图片数据类型有 JPEG、BMP、GIF 等；另外，

---

① https://www.nppa.gov.cn/nppa/upload/files/2021/12/76aed0b1a2a60056.pdf.

还有标识类型文件，除了内容以外，主要为索引、标识、引用，主要作用是进行元数据标识，EPUB、HTML、ISBN、ISRC、ISSN、MARC 等可以归为此类。多格式的数据类型开发主体不同，特点属性不同，功能表现不同，出版企业在应用提取过程中，如果没有进行数据中心处理，积累的数据就难以很好地使用。另外，内容数据与用户数据、动态数据与静态数据、生产流程数据与经营管理数据等又是在不同维度进行的数据分类。多格式数据的生成、多维度数据的聚集使得各种线上数据的汇集到了一定的储存量级。但是，如何对这些行业数据进行整理、聚合、分析，提升对数据资源的处理能力，进一步使业务数据化、数据标准化、标准规律化、规律智慧化，使得庞大的数据经过专业化、标准化的处理，上升至为用户提供经过整理与分析的、具有逻辑规律而用户自身却预先未知的信息，进阶为基于创造、组织、应用和联系为核心的认识和经验知识，再转化为智慧型的数据预测、决策、咨询数据服务，是数据资源处理的难点与重点。数据—信息—知识—智慧的梯级上升形态，是出版企业数据资源处理能力的集中体现，也是为未来数据要素价值的更大发挥所要夯实的基础工程。

对于出版企业而言，基于自身信息化建设基础，对来自主业核心业务——编辑、营销的数据需求进行分析，定义在生产、经营、管理中不同类别的数据基本标准，整合业务数据资源与行业数据资源，而后完成企业数据的框架设计，搭建企业自有的数据平台或数据中心，以便能够更好地进行规范数据采集、相关模型建立、算法算例推演等。由此,凸显数据价值的曙光,闪耀数据资源的价值。

三、开发利用数据价值

新的产品形态、新的出版形式、新的传播方式,在出版业,数据已经成为重要的生产资料,成为出版业生产力发展的关键要素。"数据最强大的地方在于它们能够以各种方式重组、重建、重用、重设、重混。"① 无处不在的传感器收集着无法计算的无限多级的数据。"经过实用人工智能的追踪、解析和知化,这片浩瀚的信息'原子海洋'会被塑造出上百种新形态、新奇产品以及创新服务。"② 当前,出版企业要根据不同类型业务数据、行业数据的特点,以自身核心的业务实际应用需求为导向,在多样化的数据开发建设上,尤其是利用数据创新产品服务上,真正实现数据的价值与效能,赢得数字收入和效益。

积极布局大数据出版模式,是深入推进数字出版供给侧结构性改革,大力推进出版融合系统深入发展的重要路径之一。作为以知识内容供给为主要特征的出版业,"大数据出版是借

---

① 凯文·凯利. 必然 [M]. 周峰,董理,金阳,译. 北京:电子工业出版社,2016:306.
② 凯文·凯利. 必然 [M]. 周峰,董理,金阳,译. 北京:电子工业出版社,2016:308.

助大数据的技术和研究方法,把有用的知识以合适的形态推送给用户,实现产品供给侧对用户需求侧的'精致服务'和'精准推送'"①。大数据出版的指向是用户。目前,通过公有云部署或本地化部署,在自建平台或合作平台,出版企业已经能够合规收集关联数据的关键指标,诸如注册时间、新增人数、活跃人数、终端集合,可以提炼主题数、出版物、资源类别、收益情况等不同维度数据趋势图等,进行基本统计;通过CRM的数据化管理、学习管理和培训管理体系,用数据和数字化来改造和支撑内容,为用户精准画像,助力内容生产方打造更加精准化、个性化的产品与服务。这使得大数据出版具备了可行性基础。因此,充分优化数据要素的资源优势,不断创新数据的开发利用价值,加固数字出版内容建设支撑,丰富专业多元的产品形态,驱动宣传营销的精准应对,达到用户优先的个性服务,促进数据、技术、场景的深度融合,是出版业数据价值产品化、市场化、服务化、价值化的推进之路。

"数据是战略资源。"② "数据是新大陆。"③ "数据成为世界新财富。"④ 同时,数据也是出版产品非常重要的组成部分。出版企业要通过业务数据化,供给高质量的数据要素;通过数

---

① 张忠凯. 布局大数据出版的实践与思考 [N]. 出版商务周报, 2021 – 10 – 31.
② 王坚. 在线 [M]. 北京:中信出版集团股份有限公司, 2018:69.
③ 王坚. 在线 [M]. 北京:中信出版集团股份有限公司, 2018:275.
④ 王坚. 在线 [M]. 北京:中信出版集团股份有限公司, 2018:201.

据的业务化，供给专业化、个性化的产品、服务；通过对数据的开发利用，促进数据的价值化、效益化。数据要素的生产率在出版业的数字化转型中将发挥越来越重要的作用，将推动出版融合向着系统化、深入化的方向前进。

第六节　大力推动融合传播

出版作为编辑、复制作品并向公众发行的活动，在传统出版流程中，其生产的出版物只有经由发行这一重要环节，才能完成从编辑到读者的转移递送。新的信息技术的冲击使传统出版向数字出版快速演进，出版的编辑过程、物质载体、营销方式正在发生系统性变革。在人人都是媒体源、处处都能够进行阅读的时代，为更好发挥出版在巩固壮大主流舆论、推动经济社会发展进步、满足人民群众精神文化需求等方面的重要作用，使优质出版内容更快、更好、更便捷触达读者，不断创新营销手段，探索多业态融合发展，大力推动融合传播，就显得十分必要。

一、加快线上线下一体融合传播过程

(一) 不断巩固传统主渠道,努力维护保持线下零售总体规模

发行业线下渠道,尤其是新华系统书店要在店内店外销售图书基本功能之外,打造具备复合功能的多样性、智慧型文化空间,通过讲好文化故事、做好文化活动、提供优质公共文化服务,更好提升读者的阅读体验、消费体验、文化体验。不同经营主体在营销模式上的多元探索,为图书新零售时代增添了几抹亮色。大中型书店从店面陈列上架、配套宣传推广、团购馆配直销等方面调整经营结构提升收益,特色书店营销创新更是不拘一格,在实现书店文创、美食、艺术体验的优雅搭配,文化、阅读、生活的多重需求跨界融合方面,积极探索业务融合的新业态。《出版业"十四五"时期发展规划》提出要实施"发行单位能力提升工程":"鼓励各地加大实体书店支持力度,推动实体书店加快数字化、智能化改造,探索多业态融合发展,全面提升管理、运营、服务水平。推出一批具有文化地标意义的特色书店。"① 实体书店在出版发行体系市场建设与

---

① https://www.nppa.gov.cn/nppa/upload/files/2021/12/76aed0b1a2a60056.pdf.

出版传播方面仍将发挥重要作用。江苏凤凰新华书店集团有限公司（以下简称"凤凰新华"）作为全国领先的出版物发行单位，从2016年到2020年，"5年间，凤凰新华的合并营收从2016年的68.97亿元，增长到2020年的90.64亿元，同比增长31.4%；利润总额从2016年的7.75亿元，增长到2020年的9.71亿元，同比增长25.3%；网点数量从2016年的1066家增至2020年的1387家"[1]。以南京凤凰广场店为代表的一站式文化消费综合体，凸显机关书屋、校园书店、社区书店、农村书店的特色化小微网点，差异化、细分化的读者市场分类与书店形象打造，"形成了大型文化MALL、中型书城、小微型书店、特色书店协同发展的格局"[2]。"十四五"期间，"凤凰新华"将加快主业业务互联网数字化改造，进一步探索第三方平台与自有平台双线发展；以文化与商业、文化与技术、内容与形态的充分融合，持续推进实体书店建设；大力拓展店外销售，强化展会品牌影响；开发完善供应链上下游参与商的数字服务系统，积极推进社店合作，放大渠道和平台优势，推进全省物流资源整合，构建发行主业的创新生态。

---

[1] 周贺. 5年耕耘　凤凰新华核心竞争力再升级[N]. 出版商务周报，2021-05-02.

[2] 周贺. 5年耕耘　凤凰新华核心竞争力再升级[N]. 出版商务周报，2021-05-02.

（二）实现线下渠道营销向线上平台传播的转变

由传统线下、常规渠道供应向方便快捷网络平台供应转变，实现一次销售多条渠道，是现有发行企业推动宣传营销、融合传播的应有之义。基于交流方式交互化、购销模式移动化的趋势，充分把握互联网时代客户需求的时效性、群体性、个性化特点，主动发挥品牌优势，提高图书品质，强化受众认知，形成由线下、平台、社群、公号、场景体验等差异化、定制化、多样化渠道的营销合力，提供宣传营销运营的新可能、新形式、新服务。

发行行业在着力线下主渠道建设的同时，更要倾力网上发行主阵地，实现线上线下联动发力的整体优势。从世界出版强国美国来看，"近年来，电商巨头亚马逊在线上图书销售方面占据垄断地位，仅2017年上半年，亚马逊图书销售额便高达30亿美元，同比增长46%"[1]。从国内看，根据开卷公司统计，2021年，中国图书零售市场线上渠道销售品种规模占比接近80%。"十三五"期间，"凤凰新华""电商业务销售码洋从2016年的1.12亿元，跨越式增长到2020年的13.58亿元，增长了11倍"[2]。下一步，"凤凰新华""将完善上下游供应链体系

---

[1] 范军.国际出版业发展报告：2018 [M].北京：中国书籍出版社，2019：7，6.

[2] 周贺.5年耕耘　凤凰新华核心竞争力再升级 [N].出版商务周报，2021-05-02.

建设，进一步理顺业务流程和运作环节，加快进行电商物流自动化建设，为电商继续保持跨越式增长提供保障"①，持续提升规模竞争力、核心竞争力与线上线下融合发展力。

线上销售创造了知识呈现形态与知识创新扩散的新途径，高度的客户黏性、产品适配，大数据提取下灵活的差异推广、精准营销，借助不同类型社群拓宽合作边界的群内团购、知识付费乃至定制出版，出版企业开放合作中的私域流量扩充，视频时代自有品牌打造团队、一流作者、"网红"作者及头部直播销售员的直播带货能力等，都在不同程度上扩张了网络销售的规模和实力。出版业要积极运用媒介发展新技术，创新经营模式，凝聚网上网下合力，加大利用短视频、网络直播、新媒体矩阵等新型宣传营销方式，催化发行方式和传播方式的质变。正如《出版业"十四五"时期发展规划》提出："打造和扶持具有重要品牌影响力和综合实力强的全国统一新华书店网络发行平台，扶持若干家骨干网络发行企业。"② 这将大大推动网上出版传播主阵地的建设，进一步放飞出版融合传播的最大效能。

---

① 周贺. 5 年耕耘 凤凰新华核心竞争力再升级 [N]. 出版商务周报，2021－05－02.

② https://www.nppa.gov.cn/nppa/upload/files/2021/12/76aed0b1a2a60056.pdf.

二、丰富内容传播维度

在数字阅读时代，能否适应用户获取信息、汲取知识及阅读习惯的新变化，能否以新颖化的服务与玩法有效地留住用户、影响用户，探索宣传、营销、运营、传播的新航道、新途径，是影响当前出版融合系统深入还是分散浅层、出版传播维度多元还是单一的重要因素。网络带货主播、知识分享博主、网络课程老师等，越来越多曾经陌生的职业伴随数字经济应运而生；便捷获取、按需定制、交互共享等，越来越新的商业模式重塑着知识生产、分发、消费的链条。传统出版企业要基于众筹经济、共享经济、定制经济等数字经济新模式，积极思考出版业知识重组分发的组织方式与市场方式，不断适应数字时代出版业自有核心版权资源、知识产品与服务变现的新玩法，研究摸透网络营销大众文化的消费潮流，通过大力加强与传统电商平台、社交平台、内容分发平台等平台的合作力度，做好自有新媒体平台发布传播矩阵，丰富内容传播的维度。

三、实施用户至上策略

（一）以优质数字内容产品连接用户

实现最优化、最大化的融合传播，是以触达用户为目标的。注重用户导向和用户思维，尤其是在数字化时代内容生产传播一体化的机制构建中，如果隔离了与用户的连接通道，出版的社会效益和经济效益就难以很好实现，传播的目的、效果也会大打折扣。数字化时代需要实施数字化至上的战略，构建数字化的用户关系，来实现企业的数字化转型升级。史蒂文·范·贝莱格姆甚至说，成功的数字化至上关系首先是用户至上关系："完美的数字化用户关系是高效的服务和高度的用户友好关系的结合。成功地领导一场数字化变革的第一要务就是要认识到数字化就是为用户服务。"①

生产用户最需要的内容与产品是用户至上的基础要求。用户存在于最广大的人群之中。顺应人民群众对美好精神文化生活的新期待，以优质多媒出版物和数字内容的吸引力、感染力、影响力吸引用户，是实现内容传播的首要基础。

（二）以精细细节服务黏吸用户

延伸细节服务是体现用户至上的基础途径。实现融合传播的良好效应，需要在渠道链接、信息相关性、触达时效、传播通路等方面，始终考虑用户优先。渠道链接上，选择什么样的通道到达用户的接触点，是通过电话、零售书店线下渠道，还是网站、社交媒体、应用程序、网络平台线上渠道；信息相关

---

① 史蒂文·范·贝莱格姆. 用户的本质：数字化时代的精准运营法则[M]. 田士毅, 译. 北京：中信出版集团股份有限公司，2018：48.

性上，是整体性的一次推送宣传、营销，还是分层、分众的个性化信息满足；触达时效上，是否能够针对热心忠诚用户的需求，提前、实时与他们的内容消费愿望快速匹配；传播通路上，通过怎样的设计使得用户通过移动端、社交圈主动参与传播，成为信息接收对象与内容传播主体的统一体；等等。上述的每个方面都在考验着组织主体与实施主体的智慧，体现着服务的细节，注重着用户的需求。每一个渠道选择，每一次信息推送，每一回内容匹配，每一次知识服务，都要注重用户体验，使得用户达成预期目标，降低获取成本，为用户提供稳定服务，并努力帮助用户实现超预期目标，在细节中体现用户至上的策略和实施。

四、加强技术应用扩大传播效果

前沿技术、成熟技术能为出版融合传播提供更大动能。因此，出版企业要把握新技术在融合传播中的应用特点和应用方式，把握新技术对信息、内容、思想传播的促进作用，把握当前交流方式交互化、购销模式移动化特点，把握互联网时代用户需求的时效性、群体性、个性化特点，发挥品牌优势，提高内容品质，强化受众认知，探索宣传、营销、运营、传播的新航道、新途径，形成由线下、平台、社群、公号、场景体验等差异化、定制化、多样化、分众化渠道的营销合力，努力实现优质内容传播由单向向多向、由灌输向互动、由产品向服务、由泛化向精准的场景式、体验式转变，提升内容的传播效果，丰富内容的传播维度，带动行业全渠道发行效率与收益整体提升，扩大全媒体传播的方式和效果。

出版单位还要大力推动数字出版走出去，以富有吸引力、感染力、说服力的数字内容精品为载体，讲好中国故事，树立中国良好形象，增强中华文化传播的亲和力。

第七节　提升经营管理效率

从纸质出版物到多媒体出版物，从单一出版商到内容服务商，在传统出版到数字出版的进程中，对出版企业来说，出版融合不仅仅是核心业务模式的数字化转变，也对支撑出版融合的组织管理、协同机制提出了更高的要求。

一、发挥企业家才能生产要素积极作用

出版企业的数字化转型需要以优质内容建设为根本，以先进技术为支撑，以创新组织管理机制为保障。在一些出版单位看来，企业融合推进缓慢，很大程度上是由于专业化的信息技术人才缺乏。传统出版企业信息技术人才的缺乏的确在一定程度上制约了数字出版发展的速度规模与质量效益。但是，推进

数字化战略，进行数字化转型，仅仅有技术的加持与助力是不够的。即使有最为专业、最为优秀的信息技术总监、平台架构专家参与，但在真正实际推进过程中，出版融合的战略规划怎样体现长期、中期、短期的有机统一，怎样通过技术应用生产最优质的数字内容，如何整合内部外部的数字出版资源，推进出版融合以哪些重点项目为引领，哪种方式更有助于核心出版业务与关联业务实现有效协作，是否需要进行组织架构调整实现高效式管理，何以平衡数字出版的成本投入与效益实现，如何确定数字化战略中的积极作为和有所不为，等等，这些不单单是技术团队能够统筹协调和加以解决的，更加需要出版企业家来主导全局与总体统筹。

推进出版融合是一把手工程。"传媒企业家需要基于对传媒环境的敏锐感知和对传媒变革内在逻辑的深刻思考，挖掘具有市场价值的新兴传播增长点，捕捉机会、获取外部资源、整合企业内部其他要素资源，并构建组织能力以利用环境中的机会。"[1] 作为出版企业的高层领导者和重要决策者，需要以高瞻远瞩的战略谋划，明确企业优势短板，建立数字出版的使命、愿景和价值观，坚定推进数字出版的决心和定力，通过制定合理清晰的发展目标，确定重点攻克领域和需要解决的关键问题，做好持续投入与收益的科学预算，聚合内部资源、资

---

[1] 喻国明，丁汉青，支庭荣，陈端，曲慧. 传媒经济学教程：第 2 版 [M]. 北京：中国人民大学出版社，2019：53.

金、人才等各方面优势，明晰实施融合传播的路径，确定数字出版的实现目标。

传统出版企业的数字化是一个较为长期的进程，推进出版融合亦不是一劳永逸、一蹴而就的，需要坚定信心，持之以恒，保持定力。尤其要抓住当前数字化发展的快速变革期与发展关键期，明确推进出版融合的时间表、路线图、计划书，促进新型出版成果形态升级，更加需要企业家才能这一生产要素发挥重要功能。

二、优化内部组织结构

传统出版企业的组织结构，分离和线形是其典型特征。数字技术对行业产业的影响不仅仅体现在主业升级、产品服务等方面，也在重塑企业的内部组成结构。也就是说，数字技术正在重塑企业的组织形态。为应对技术快速发展对出版业带来的冲击，出版企业要以更加合理、科学、高效的组织结构为企业数字化战略目标和数字化转型升级提供组织支撑。

融合是基本的组织要求。一些出版企业通过设立融媒体事业部、数据中心、数字出版中心等新媒体融合出版部门，来健全优化支撑融合发展的组织设置与机构保障。在组织架构设置上，要突破原有金字塔形层级设置造成的现实或可能的障碍，向扁平化、网状化结构转变，大大降低沟通成本，提升融媒体部门与其他部门的协同效率。

在开发数字产品、开展知识服务过程中，先期可以以数字出版精品项目为主要抓手，以优质内容资源建设和精品数字出版产品运营为主要任务，打破传统出版编印发环节的隔阂疏离，推进出版业务流程一体化融合。之后则可以通过强化新媒体融合出版机构，建设全媒体时代融合出版的指挥调度中心，围绕策划出版优质内容这一核心任务，充分发挥指挥调度中心整合分散在传统出版业务部门和新媒体机构的组织力量，在选题策划、调度资源、推进生产、用户服务、营销传播等过程中加强融合，推进出版单位机构融合、业务融合、资源要素融合，探索建立数字化生产内容、服务、传播的一体化组织架构和一体化协同机制，实现一支队伍服务多个平台，形成组织内部高效融合的一体化发展良好局面。

三、提升管理效能

金字塔形态下的传统企业管理大多是自上而下的直线式管理。"数字化时代的管理者必须把自己调整为赋能者，成为帮助员工更好地发挥潜能的教练。"① "赋能有两层意思：一层是赋予能力（enabling），旨在通过认知、技能、态度的改变，最大限度地发挥个人的能力；另一层是激发潜能（energizing），

---

① 陈雪频. 一本书读懂数字化转型［M］. 北京：机械工业出版社，2021：274.

也就是组织创造一个环境,激发每个人的能量和潜能,让组织里的每个人都能有更好的表现。"[1] 个人是组织的基本构成单位,通过赋予个人能力和激活个人潜力,组织本身也将被激活。个人与组织之间的良好协同和互动既考验管理者的智慧,也体现管理层的效率。

塑造新的内部组织结构协同对于提升管理效能尤为重要。传统管理者的控制或者说高位角色,计划目的性强,指挥协调性好,有利于促进提升传统出版的效率。要想在数字时代更好地提升效率,实现数字出版的最大价值创造,管理同样需要基于技术发展对出版核心业务、核心产品竞争力的有力、有利影响,在内部组织结构上进行优化。对于出版企业来说,多媒体出版物的出版、数字内容产品的诞生、数字产品服务的开展等需要多个结构组织共同参与。策划阶段,编辑策划部门与技术支撑部门需要积极深入沟通,针对目标用户和应用场景,规划设计产品内容、交互逻辑、使用功能和呈现样态。有时甚至需要就数字产品功能模块进行代码开发和测试,需要通过小程序、数据定向爬取、用户行为分析等应用工具,为策划编辑提供关键数据支撑和市场反馈。同时,编辑策划部门还要与产品运营经理就产品销售渠道建设完善、外向合作与不同渠道管理、市场用户数据收集分析、运营方案优化提升等进行紧密对

---

[1] 陈雪频. 一本书读懂数字化转型 [M]. 北京:机械工业出版社,2021:275.

接。对编辑的数字产品还要与数字版权、数字资产管理部门进行意见交换,使产品更加严谨规范,符合数字资源的制作、加工、标引、存储、分发标准。在数字产品的生产过程中,策划编辑、开发设计、营销运营、版权管理等从初始阶段,各部门就进入无缝隙、浓密度、高效率的沟通交流状态,企业内部的平衡性、协同性被重新塑造,将大大提升生产效率。

如果说,在推进出版深度融合的过程中,原有积累与新开发内容的数字化是起始阶段,基于技术更新迭代实现出版流程再造和优质数字内容的聚集、复用、版权衍生等出版核心业务的数字化是进阶阶段,那么可以说,以适应数字化时代的优化组织结构与经营管理及基于此基础上的组织管理、经营运营数字化则是升位阶段。因为,顺应技术进步变革组织结构、经营管理、商业模式,既是企业组织结构不断演进的历史,也是技术促进产业发展的历史。技术新进步、产业新形态、组织新架构的关联影响贯穿在人类生产发展与产业更替的历史长河中。管理带来效益,管理产生价值。推进出版企业管理的数字化,已经成为数字时代出版融合发展的重要关联要素与重要推动力量。

四、持续提升盈利能力

提升数字化收入占比,实现双效俱佳,是传统出版企业在推进出版融合发展的过程中要努力实现的目标之一。相对于纸质出版物，数字化收入在出版企业的整体营业收入和利润构成中占比长期偏低。只有不断提高利润水平，持续提升盈利能力，才能坚固和强化数字化战略的经济支撑与产业基础，进一步促进出版深度融合的系统推进和深化拓展。

（一）不断加大投入力度

没有投入就没有产出。数字出版前期投入大、投资回收期长、运营维护成本较高是客观存在的，但不足以成为出版融合发展的阻碍。无论是从单个出版企业还是出版业上市公司看，近年来尤其是2020年以来，图书零售市场码洋规模出版下降。"2015－2019年，整体图书零售市场一直保持10%以上的增速，2020年受到疫情影响首次出现负增长。2021年较2020年小幅上升，同比上升了1.65%，码洋规模为986.8亿元，但与2019年相比，下降了3.51%，未恢复到疫情前的水平。"[①] 一般图书市场码洋规模与营收利润增长越来越不容易，依赖传统出版的高速增长实现出版企业的高速度、高质量增长，在数字化时代变得越来越困难。这就要求出版企业立足自身专业优势和经济基础，基于自身实际条件和实力，不断扩大数字出版投入力度，尤其是在专业化内容生产、用户互动特色化服务、重点出版发布传播平台、运用新技术拓展新业态等方面加大投入

---

① 北京开卷信息技术有限公司. 码洋规模较疫情前下降3.51%解读最新图书零售市场数据［N］. 出版商务周报，2022－01－23.

力度。

（二）充分运用国家财政政策

实时掌握国家关于推动完善出版融合发展的财税政策，积极用好出版、发行、出口等环节的有关税收优惠政策。大力争取重大出版融合发展项目的有关财政资金支持。积极申报出版融合发展工程、国家出版基金项目、中华民族音乐传承出版工程、中国经典民间故事动漫创造出版工程等重大出版工程。全力进行优质数字内容建设、产品开发和服务，充分发挥国家古籍数字化工程、数字出版内容精品工程、有声读物精品出版工程、优秀现实题材和历史题材网络文学出版工程、中国原创游戏精品出版工程等数字出版内容精品工程资金的扶持奖励、鼓励引导功能。努力争取地区性、部门性以项目补贴、贷款贴息、绩效奖励等为措施的数字出版专项资金或产业发展资金的有效支持。积极用好中国文化产业投资基金、中国互联网投资基金、国家文化产业发展项目库等政策与资金渠道。

（三）有效借助资本力量

出版融合发展需要持续的资金投入。根据《2020年新闻出版业产业分析报告》，截至2020年12月31日，中国内地在中国内地和香港上市的出版传媒公司计有44家。出版企业应充分发挥市场机制，发挥市场在出版资源配置中的积极作用，通过资本纽带优化增量资本配置，扩大资本价值。出版传媒集团与传统出版企业可以寻找优质标的,通过控股或者入股互联网企业、潜力科技企业、优质民营出版企业等,实现跨界融合发展。出版企业还要以自身优质的出版资源,吸引社会资本、金融资本的投资,通过资本力量为数字化发展积蓄资金力量,注入发展血液。

(四) 大力创新服务形式

近年来,数字化出版收入的持续增长为欧美出版业注入了强劲的发展动力,不过数字化收入在教育出版、专业出版、大众出版不同领域的比例并不完全一致,其中国外大型出版传媒集团专业出版和教育数字化收入占比已经达到60%以上。大众出版如西蒙与舒斯特2020年虽然纸质书总体销售有所下降,但数字销售增长了44%,其中电子书销售增长51%,有声图书增长34%。在数字化收入占比不断提升的良好趋势下,专业出版集团的数字化收入呈现出鲜明的知识信息服务特点。以爱思唯尔为例,其数字化收入的产品类型主要包括两个方面:一是专业化文摘和引文数据库。其拥有的电子书、电子期刊、科学医学研究数据库等,供大量机构用户和独立访客使用。二是高附加值的决策工具。爱思唯尔通过利用更加强大的信息技术,选择性、针对性收购目标数据集,嵌入复杂分析,升级信息解决方案到更高阶段的决策工具,形成核心业务层面的数字资产,有力地支持了数字化收入进入有机、长远、持续的高增长市场。基于信息分析和决策工具的帮助,爱思唯尔实现了更好的市场价值。以数字产品、信息分析、解决方案、决策工具为基础,以为企业、政府、图书馆、学术团体以及个人研究人员和其他专业人员提供产品和服务为核心,数字化收入成为了爱思唯尔的重要增长极。其中,订阅销售2020年达到70%以上,交易收入占20%以上。

国内部分出版集团近年出版融合的收入亦呈现上升趋势,但整体而言,相较于欧美出版业,来自数字出版的收入仍不足以构成出版业高质量发展的决定性或基础性力量。传统出版企业可以积极借鉴国内外出版企业发展数字出版的经验和模式,针对自有和合作数字资源电子书、数据库、数字图书馆、音视频等不同数字内容特点,通过自有创新平台或第三方汇集平台等不同渠道,为机构用户和个人用户提供下载、订阅、计划管理、开发需求、专业评估、链接开放数据、跨格式跨媒体知识产权开发使用等多样化、专业化、精准化服务,不断创新商业模式与服务模式,全力实现数字产品价值转化的多元路径,真正通过数字出版收入形成新的、稳定的、增长性良好的收入现金流,不断提高持续盈利水平。

第八节　加强全媒体人才培养

数字出版的高质量发展离不开数字出版人才的智力支撑。

以编辑和营销队伍为核心支撑的传统出版人才队伍，如果不加以转型，远远不能适应系统推进出版深度融合发展的需要。当前，出版企业在数字内容生产、出版产业应用技术研发、经营管理等方面的复合型、专业型、高端型人才尤为缺乏，人才支撑动力不足，成为制约出版深度融合发展的短板。

一、综合提升人才队伍水平

（一）加强内部人才挖掘

经过在纸质出版领域多年的深耕细作，出版企业已经具有一支在政治理论、选题策划、语言文字、社会活动、审美判断、市场信息感知等方面能力较高的专业人才队伍。以出版深度融合理念为引领，通过内部培训、校企合作、外派学习等方式，加强与高校、研究机构、创新型技术企业、头部民营出版机构的交流研讨，扎实开展全媒体时代传统出版和数字出版专业技能培训，充分发掘内部人才潜力，既是快速提升现有出版队伍水平的重要方式，又是节省人力资本建设投入的重要途径。

加强应用型人才培养，重点培养与网络出版、出版融合业务相适应，在数字内容策划编辑、审核生产环节能够高度尽职尽责担当网络出版物的"把关人"角色的人才；重点培养在数字产品研发生产、电子书制作、音视频剪辑、图像处理、新媒体采编运营、短视频直播、数字媒体营销等方面的技能型人才，提高基于用户浏览、停留、点赞、打赏、完播、下单等行为的用户运营分析能力等。

通过内部挖潜，大幅度提升编辑、营销等人员对新兴信息技术在出版业的应用能力，特别是快速提高与出版融合关联十分紧密的数字内容生产、发布、营销等主要业务岗位上的人才素养水平，加快推动具有传统出版扎实业务能力的人才向数字出版复合型人才转型，以适应快速发展的出版业数字变革。

（二）积极引进外部人才

通过实行主动积极、开放创新、有效有为的人才引进政策，弥补推进出版数字化进程中的核心业务发展内部人才储备不足的缺憾。其中，基于互联网生态和出版融合态势下的关键核心技术研发应用环节人才、具有专业背景知识的复合型经营管理人才、资本运营专业人才，是不少出版企业较为稀缺的人力资源。着重引进在应用程序开发、软件系统运维、资源平台与调度平台建设管理等方面稀缺性、应用型人才，直接收购与出版主业关联紧密的科技创新公司、出版平台等，通过人才纳新进行新鲜血液补充，以技术人才优势发挥助力优质内容生产传播。积极引进熟稔的具有鲜明文化特色的出版现代企业制度，掌握数字出版趋势特点，对促进数字内容生产、传播渠道、平台建设与经营管理深度融合有创见、有思路、有干法的高端型人才。专项引进专业资本运营人才，围绕出版核心业务，以重大交易合并、优质资源收购、品牌塑造重组、合作伙伴投资等形式，发挥资本在出版产业链条上的重要作用，以资本运作激发产业活力，提升出版企业基于数字内容的知识、信息、服务等方面的核心竞争力。

二、畅通人才成长渠道

（一）大力推进数字出版人才科学评价

以出版专业职业资格评定为抓手，加快出版系列职称制度改革。理顺数字编辑或从事出版融合的从业人员任职资格评审工作，为在出版企业运用信息技术与数字技术手段，从事文字、图像、音频、视频等作品选题策划、稿件资料组织、编辑加工整理、校对审核把关、运营维护发布等数字内容生产、运营、传播工作的专业技术人员，提供出版系列数字出版人才的职称评审渠道与职业成长通道。《北京市新闻系列（数字编辑）专业技术资格评价试行办法》2015年底发布，由此，北京市人力社保局和北京市新闻出版广电局在全国率先启动了数字编辑专业领域职称评价工作，北京也成为全国首个为数字编辑设立专业职称的地区。2016年度，65人获颁数字编辑专业高级职称证书。这是北京首批具有高级职称的数字编辑。但是，从全国范围看，一批从事数字出版的专业人员仍然缺乏顺畅的职称评审通道。

（二）创新选拔培养方式

传统出版业态下，一些出版企业如广东出版集团、中国大百科全书出版社等，通过导师制、首席编辑制度等，在名编辑、出版家培养方面积累了宝贵经验。出版企业层面在数字编辑的选拔培养上，可以借鉴传统出版业务的首席编辑培养路径，通过竞争选拔、重点培养等方式，设立首席数字编辑、首席技术专家、首席全媒人才，以精神激励与物质奖励双向叠加制度，激励专业技术人员瞩目数字出版，躬耕出版融合，努力培养造就一批数字出版领军人才。充分发挥企业人才建设培养的主体作用，通过采取人才建设规划、人才制度完善、人才举措落实等，使优秀人才迸发创新创造的激情与活力。

（三）注重全媒体人才打造

把"一专多能""科技出版融合"的专家型复合型人才、全媒体型人才作为培养重点。设置人才成长基金或数字出版人才工作室，为全媒体人才成长提供良好的政策、资金、环境支撑。

重点是围绕"全媒"二字打造融合发展优秀人才。从角色功能上，基于为受众提供个性化、精准化的需求，编辑需要在内容的策划生产者、数字资源的聚合连接者、数字出版平台建设与服务的参与者、用户互动关系的对话者等方面，努力实现多个角色的适时转换与有机统一。从产品形态上，基于出版文字、图片、音频、视频、专业数据库等不同呈现形式的多媒体产品，编辑需要具备多项复合能力，成为内容生产传播一体化的引领者、设计者与实施者，实现对不同形态出版物的多向回应与无缝对接。从出版的双效统一上，基于实现更广泛更优良的传播、优质数字内容与分发平台的匹配度，在用户行为数据采集分析之上对目标用户的精准推送通过实时数据检测对不同渠道、产品的营销优化调整，编辑、营销人员需要高度协调、快速反应，成为利益共同体的维护者、经营者和受益者。

可以说，多维、跨界，整合、复合，数字、数据等，成为全媒体人才打造需要关注的关键词；而在数字内容生产、信息知识分发、平台运营参与、技术产业应用、用户受众服务等方面实现互融互通，则是通过多维知识建构与具体操作实践的有效响应与连接，为数字时代构建出版融合发展全媒体人才提供了基础的实践路径。

三、科学优化人才结构

（一）打造人才梯队

建立健全数字出版人才双向成长交流机制，打通数字出版专业人才与经营管理岗位的双向定期交流制度，把具有扎实出版专业背景、熟悉数字出版工作的中青年优秀人才充实到关键岗位，为出版事业发展夯实中坚力量与后备力量。优化队伍结构，尤其是立足数字出版主业，以内容生产服务、技术研发应用、宣传营销传播为基本支点，大力加强运用新兴技术进行数字产品策划、产品服务运营的人才队伍建设，弥补出版融合技术专业人才不足短板，促进科技人才和出版人才有机融合、共同发展。积极吸引青年人才加入数字出版队伍，改变出版队伍老化、断层、青黄不接现象。通过优化人才成长机制，努力实现一批数字出版领军人才引领，优秀骨干数字出版创新型、应用型人才为骨干支撑，青年人才与业务新秀接续传承的良好局面，形成科学合理的数字出版人才队伍结构。

（二）加强学科建设

另外，随着《出版业"十四五"时期发展规划》中提出的"加强出版学科建设和专业人才培养，构建中国特色社会主义出版学学科体系"[①] 的实施，高等教育学校出版学科、教材、教学建设将迎来良好的发展机遇，高等院校、职业院校要充分发挥在出版融合发展人才培养中的重要作用，大力强化出版编辑专业融合发展理论人才与实务人才的培养力度，以融合思维构建专业知识体系，以跨界思维培养复合能力，以数字思维培养智能与传媒相结合的智能技术开发与应用能力，培养更多更优秀的数字出版后备人才，使出版融合发展的队伍结构更

---

① https://www.nppa.gov.cn/nppa/upload/files/2021/12/76aed0b1a2a60056.pdf.

加科学合理。

四、建立灵活科学的激励考核机制

（一）设置合理薪酬

目前，出版企业运用较多的考核指标为关键绩效指标，即 Key Performance Indicator，简称 KPI。其为一种量化管理目标，通过对出版生产流程的不同环节设置关键参数，分解企业的战略目标与年度指标，进行企业绩效考核。出版单位设置的 KPI 指标有编校质量、重点出版项目、所获奖项荣誉、社会评价、国际影响、产品结构和专业特色、畅销出版物收益、专业化新增品种效益等。这些指标涵盖社会效益指标和营收、利润等经济效益指标，能够基本满足传统编印发环节的主要任务完成的评价考核，体现绩效成果。但是，在数字出版的过程中，尤其是技术对出版的加持与赋能愈发重要，对知识、技术等创新要素价值在 KPI 的评价体系内进行绩效考核时就体现得不够理想，使得运用这一指标对技术研发人才、技术运营人才评价时就具有相对的局限性，当体现在薪酬方面时表现得更加突出。通常情况下，出版人的薪酬由月薪、年终奖和福利三部分组成。根据《出版业薪酬福利现状与影响因素调查分析》一文的分析显示，2019－2020 年度，"综合月薪和年终奖收入数据，出版人每月平均税后收入主要分布在 6000～10000 元区间，年度税后收入在 7 万~12 万元区间。这一结果也得到智联招聘发布的《2020 年春季中国雇主需求与白领人才供给报告》的佐证。该报告显示出版业平均税前薪酬是 8088 元/月，在 51 个社会行业中排名第 33，反映了出版业的薪酬在社会各行业中无明显优势"①。福利部分主要为体检、补贴、带薪休假等实物类或经济类。基于此，"当出版企业引入外部技术人才、互联网运营人才时，出版企业传统薪酬体系问题便日益突出。这批人才的薪酬水平在社会各行业中处于较高的位置，当然也高于出版从业人员，因此，如果将他们的资历、职位套进出版社薪酬体系的对应岗级中，所算出的薪酬与他们的期望值将会有很大差距"②。这在较大程度上降低了出版业吸纳互联网优秀技术人才的吸引力，使得出版单位技术人才缺乏、技术能力相对落后，制约了出版企业尤其是国有出版企业深度推进出版融合的进程。因此，对技术运用研发等特殊岗位人才，设置灵活、合理的薪酬体系，对进一步提升专业数字化水平有积极效用。

（二）引入市场评价

充分发挥与引入市场机制，借鉴实施公司化运营机制，健全以创新、质量、实效、贡献为导向的数字出版人才评价体

---

① 程晶晶，赵玉山. 出版业薪酬福利现状与影响因素调查分析 [J]. 出版业，2021（6）：35.

② 孙真福，蔡立. 教育出版融合发展机制建设探索与思考 [J]. 科技与出版，2020（8）：15.

系，对出版融合发展的重要性不言而喻。可以以重大出版融合项目为重点引擎，创新项目用人机制，以市场化管理、定薪、考核，实行约定期限契约化管理，通过资金跟投、分红收益等方式，设计更加科学合理的绩效考核体系。国有出版传媒上市公司可以积极探索股权激励奖励方式。对于对企业高质量发展有直接或重要影响的研发人员、经营管理人员、核心业务骨干等，可以探索开展员工持股试点，建立适合数字出版特点的多元灵活薪酬分配体系，以特殊政策实施吸引急需紧缺的特殊人才、优秀人才、高端人才，以更好吸引人才、留住人才、用好人才。

高质量推进数字出版，关键靠人才、靠队伍。出版企业通过设置科学、灵活、合理的薪酬机制、激励奖励、评价机制，切实提升出版人才队伍尤其是基层一线数字出版从业人员的责任心、事业心、归属感、荣誉感，真正营造干事创业、忠诚担当的良好氛围，激发急需人才、优秀人才创新创造的活力源泉，为系统推进出版深度融合发展提供强大坚实的人力资源支撑，为不断壮大数字出版产业夯实牢固有力的人才根基。

参 考 文 献

1. 中华人民共和国国民经济和社会发展第十四个五年规划和2035年远景目标纲要 [N]. 光明日报, 2021-03-13.

2. 孙机. 中国古代物质文化 [M]. 北京：中华书局, 2014.

3. 田松. 互联网的STSE [J]. 读书, 2021 (8).

4. 喻国明, 丁汉青, 支庭荣, 陈端, 曲慧. 传媒经济学教程：第2版 [M]. 北京：中国人民大学出版社, 2019.

5. 全国出版专业职业资格考试办公室. 出版专业理论与实务 [M]. 上海：上海辞书出版社, 2002.

6. 张立, 王飚, 李广宇. 2020-2021中国数字出版产业年度报告 [M]. 北京：中国书籍出版社, 2021.

7. 谢新洲. 数字出版技术 [M]. 北京：北京大学出版社, 2002.

8. 国家新闻出版署出版专业资格考试办公室. 数字出版基础：2020年版 [M]. 北京：电子工业出版社, 中国书籍出版社, 2020.

9. 侯欣洁. 数字出版概念界定的再认识 [J]. 现代出版, 2014（5）.

10. 黎娟. 数字出版概念研究 [J]. 新闻传播, 2011（8）.

11. 匡文波. 数字出版教程 [M]. 北京：中国人民大学出版社, 2016.

12. 张新新. 数字出版概念述评与新解——数字出版概念20年综述与思考 [J]. 科技与出版, 2020（7）.

13. 张立. 数字出版相关概念的比较分析 [J]. 中国出版, 2006（12）.

14. 罗秉雪. 数字出版：新语境下的概念变迁与界定 [J]. 出版发行研究, 2016（1）.

15. 耿相新. 从媒介到数字媒体："四书合一"的出版时代 [J]. 出版业, 2021（2）.

16. 于殿利. 论媒体融合与出版的关系 [J]. 出版业, 2020（7）.

17. 中共中央文献研究室. 习近平关于全面深化改革论述摘编 [M]. 北京：中央文献出版社, 2014.

18. 共同为改革想招一起为改革发力 群策群力把各项改革工作抓到位 [N]. 光明日报, 2014－08－19.

19. 曹智, 栾建强, 李宣良. 坚持军报姓党坚持强军为本坚持创新为要为实现中国梦强军梦提供思想舆论支持 [N]. 光明日报, 2015－12－27.

20. 中共中央文献研究室. 习近平关于社会主义文化建设

论述摘编［M］．北京：中央文献出版社，2017．

21．习近平．习近平谈治国理政：第三卷［M］．北京：外文出版社有限公司，2020．

22．中办国办印发《关于加快推进媒体深度融合发展的意见》［N］．光明日报．2020－09－27．

23．郝振省．出版传媒业"融合发展"概念的再讨论［J］．出版发行研究，2020（6）．

24．佘江涛．走向未来的出版［M］．南京：南京大学出版社，2021．

25．徐丽芳，陈铭．媒介融合与出版进路［J］．出版业，2021（3）．

26．柳斌杰．坚定自信　主动求变　建设高质量出版强国［J］．中国出版，2021（5）．

27．郭义强．深化出版融合，推进行业高质量发展［J］．出版发行研究，2019（9）．

28．张立科．构建全媒体初步格局的发展策略研究［J］．出版发行研究，2019（11）．

29．张建春．大力实施数字化战略　推动出版强国建设［J］．出版发行研究，2021（3）．

30．王亮，张佳倩．4G/5G过渡时期出版业融合发展策略［J］．出版业，2020（11）．

31．周觅．传承与分化：人工智能时代编辑的发展之路［J］．出版发行研究，2021（1）．

32. 许洁, 张娜. 人工智能环境下用户贡献内容的创作出版分析新框架 [J]. 出版发行研究, 2020 (7).

33. 李华君, 张智鹏. 人工智能时代数字出版的用户新体验：场景感知、场景生产与入口把控 [J]. 出版发行研究, 2019 (5).

34. 许志强. 新基建：赋能传媒产业高质量发展 [J]. 中国出版, 2021 (4).

35. 唐俊杰. 区块链技术在出版产业的应用展望 [J]. 中国编辑, 2020 (7).

36. 秦艳华, 王元欣. "区块链+" 时代有声书版权保护的应用展望 [J]. 中国编辑, 2020 (4).

37. 张允, 张韵秋. 区块链背景下学术期刊编辑流程创新驱动研究 [J]. 中国编辑, 2020 (4).

38. 杨航, 管彤. 区块链视角下《纽约时报》虚假新闻治理创新与启示——基于"新闻出处溯源"项目的解读 [J]. 中国编辑, 2020 (4).

39. 杨春磊, 李刚. 论区块链技术在反"洗稿"中的技术应用与司法认定 [J]. 出版发行研究, 2021 (3).

40. 薛晗. 基于区块链技术的数字版权交易机制完善路径 [J]. 出版发行研究, 2020 (6).

41. 孙宝林. 塑造健康的 AR/VR 出版新业态 [J]. 出版发行研究, 2017 (1).

42. 杜耀宗. VR 技术在出版领域中的应用现状及对策分析

[J]. 出版发行研究, 2017 (3).

43. 喻国明, 耿晓梦. 算法即媒介: 算法范式对媒介逻辑的重构 [J]. 编辑之友, 2020 (7).

44. 赖青. 短视频智能算法推荐的特性与新旧媒体的再融合 [J]. 中国编辑, 2021 (9).

45. 徐延章. 算法赋能: 移动阅读的智慧体验进化策略 [J]. 出版发行研究, 2021 (3).

46. 金梦玉, 李劲强. 互联网时代群体传播时代受众研究的新进路 [J]. 中国编辑, 2020 (1).

47. 高金萍, 刘银银. 5G时代主流媒体政治传播的样态创新——基于《主播说联播》短视频栏目的分析 [J]. 中国编辑, 2020 (6).

48. 王丹丹. 出版机构拓展直播电商渠道的思路分析 [J]. 出版发行研究, 2021 (1).

49. 明海英. 创新出版传播机制 [N]. 中国社会科学报, 2021-01-06.

50. 任天浩, 朱多刚. 作为生产机制的平台: 对数字内容生产的多案例研究 [J]. 出版发行研究, 2020 (2).

51. 张新新. 出版转型的体系性思考与理论建构 [J]. 中国编辑, 2020 (9).

52. 汤天甜, 温曼露. 互动式隐喻: 主流融媒体平台知识服务创新路径探析——以"学习强国"的知识生产与传播情境为例 [J]. 中国出版, 2021 (7).

53. 金平. 面向知识服务的编辑角色定位与能力素质提升 [J]. 中国编辑, 2021 (4).

54. 韩丽, 初景利. 国际知名出版机构知识服务特征、价值和启示 [J]. 出版发行研究, 2018 (2).

55. 王钰. 用户视角下的教育出版知识服务场景分析 [J]. 出版发行研究, 2020 (11).

56. 李广宇, 周庆山. 专业出版社知识服务外生动力要素构成及作用机制研究 [J]. 出版发行研究, 2020 (6).

57. 邓祯. 用户参与价值共创下我国二次元出版企业的机遇与策略选择 [J]. 中国编辑, 2020 (9).

58. 中共中央关于制定国民经济和社会发展第十四个五年规划和二〇三五年远景目标的建议 [M]. 北京：人民出版社, 2020.

59. 孙海悦, 张君成. 以数字化手段创新全民阅读工作 [N]. 中国新闻出版广电报, 2022－04－26.

60. 钟国斌. 喜马拉雅更新上市招股书 [N]. 深圳商报, 2022－03－30.

61. 陈海娟. 专业出版机构融合发展的探索与实践 [N]. 出版商务周报, 2021－10－31.

62. 新榜. 出版业新媒体研究报告发布 [N]. 出版商务周报, 2021－10－31.

63. 李苑. 《2011－2012 中国数字出版产业年度报告》发布 [N]. 光明日报, 2012－07－20.

64. 任翔. 澳大利亚独立出版商的数字化策略 [J]. 出版广角, 2012 (5).

65. 李红强. 独体社的勇气 [J]. 出版广角, 2012 (5).

66. 何明星, 李爽. "小舢板"何以闯大洋 [J]. 出版广角, 2012 (5).

67. 肖东发, 周少川, 等. 中国出版通史 [M]. 北京: 中国书籍出版社, 2008.

68. 张丹阳, 孟飞飞. 图书出版推陈出新与融合发展——以人民邮电出版社数字艺术分社出版创新为例 [J]. 新阅读, 2020 (7).

69. 张立科. 构建全媒体出版格局的发展策略研究 [C]. 中国编辑学会. 分享七十年出版业荣光 共创新时代编辑界辉煌: 中国编辑学会第 20 届年会获奖论文. 北京: 人民出版社, 2020.

70. 张立科. 人邮社数字化发展路径的实践与思考 [N]. 出版商务周报, 2022 – 01 – 23.

71. 李海涛, 刘璇. 智媒时代知识服务平台建设探索——以人邮融智知识服务平台为例 [J]. 出版参考, 2019 (10).

72. 杜贤. 知识服务之路: 深度融合发展的"人卫"模式 [N]. 中华读书报, 2020 – 02 – 26.

73. 张稚丹. 千亿高峰眺未来 [N]. 人民日报海外版, 2020 – 01 – 16.

74. 北京开卷信息技术有限公司. 码洋规模较疫情前下降

3.51%解读最新图书零售市场数据[N].出版商务周报,2022-01-23.

75. 范军.2017-2018中国出版业发展报告[M].北京:中国书籍出版社,2018.

76. 郭全中.改革创新、主业基石、资本驱动、多元反哺的凤凰模式[J].西部学刊,2018(9).

77. 周斌.寻求有高度的高质量发展之路——江苏凤凰出版传媒集团的经验路径分析[J].出版参考,2019(1).

78. 孙真福,蔡立.教育出版融合发展机制建设探索与思考[J].科技与出版,2020(8).

79. 李婧.中国数字出版前途光明 道路曲折[N].中国文化报,2012-07-21.

80. 王莹.国际出版集团数字化转型期商业模式剖析——以培生集团、励讯集团和企鹅兰登书屋为例[J].传播与版权,2019(4).

81. 徐丽芳,王心雨,张慧.国外教育出版数字化发展对我国的启示——以培生集团为例[J].出版广角,2019(1).

82. 侯欣洁.国外数字出版全球化发展战略研究[M].北京:知识产权出版社,2018.

83. 于明明.国外教育出版企业数字化转型启示——以培生集团为例[J].出版广角,2019(2).

84. 约翰·B.汤普森.数字时代的图书[M].南京:译林出版社,2014.

85. 左志红. 数字出版高质量发展呼唤专业人才队伍 [N]. 中国新闻出版广电报, 2021－11－01.

86. 聂震宁. 从智慧阅读看智慧出版转型 [J]. 现代出版, 2021 (6).

87. 刘建华. 新时代出版业融合发展的十大落点 [J]. 中国出版, 2021 (16).

88. 张建春. 坚持守正创新 以数字出版的高质量发展助力文化强国建设 [J]. 出版发行研究, 2021 (11).

89. 约翰·B. 汤普森. 文化商人：21 世纪的出版业 [M]. 南京：译林出版社, 2016.

90. 迪士尼将组建新公司重回成人书市场 [N]. 出版商务周报, 2021－06－13.

91. 中国社会科学院工业经济研究所未来产业研究组. 影响未来的新科技产业 [M]. 北京：中信出版集团股份有限公司, 2017.

92. 中央经济工作会议在北京举行 [N]. 光明日报, 2018－12－22.

93. 盘和林, 胡霖, 杨慧. 新基建：中国经济新引擎 [M]. 北京：中国人民大学出版社, 2020.

94. 陈雪频. 一本书读懂数字化转型 [M]. 北京：机械工业出版社, 2021.

95. 钟华. 数字化转型的道与术：以平台思维为核心支撑企业战略可持续发展 [M]. 北京：机械工业出版社, 2021.

96. 杨海平. 关于专业出版领域知识服务的思考 [J]. 出版商务周报, 2021-09-05.

97. 常湘萍. 聚焦2021中国网络媒体论坛：领航新征程 澎湃正能量 [N]. 中国新闻出版广电报, 2021-11-30.

98. 耿相新. 论平台型出版 [J]. 出版科学, 2018 (1).

99. 王坚. 在线 [M]. 北京：中信出版集团股份有限公司, 2018.

100. 凯文·凯利. 必然 [M]. 周峰, 董理, 金阳, 译. 北京：电子工业出版社, 2016.

101. 张忠凯. 布局大数据出版的实践与思考 [N]. 出版商务周报, 2021-10-31.

102. 周贺. 5年耕耘 凤凰新华核心竞争力再升级 [N]. 出版商务周报, 2021-05-02.

103. 范军. 国际出版业发展报告：2018 [M]. 北京：中国书籍出版社, 2019.

104. 史蒂文·范·贝莱格姆. 用户的本质：数字化时代的精准运营法则 [M]. 田士毅, 译. 北京：中信出版集团股份有限公司, 2018.

105. 程晶晶, 赵玉山. 出版业薪酬福利现状与影响因素调查分析 [J]. 出版业, 2021 (6).